Friedrich Kur

How to use Dirty
Words

Schimpfwörter und Beleidigungen

Herkunft, Synonyme und praktische Anwendungen im englischen Vulgärwortschatz

D1730051

✳ **Eichborn.**

© Vito von Eichborn GmbH & Co. Verlag KG, Frankfurt am Main, Juli 1997.
Umschlaggestaltung: Christina Hucke
Gesamtproduktion: Fuldaer Verlagsanstalt GmbH, Fulda
ISBN 3-8218-3425-0

Verlagsverzeichnis schickt gern:
Eichborn Verlag, Kaiserstraße 66, D-60329 Frankfurt
http://www.eichborn.de

Inhalt

Notwendige Vorrede

In unserem Kulturkreis gelten Wörter als »schmutzig«, die sozusagen ihr Zentrum im Geschlechtsbereich des Körpers haben. Die Diskriminierung gerade dieser Wörter reicht weit bis in vorchristliche Zeit zurück und hängt mit dem Menschheitswunsch zusammen, etwas Besseres zu sein, sich vorteilhaft nicht nur vom Tier, sondern auch vom Nachbarn zu unterscheiden. Es ist aber nun einmal nicht zu übersehen, daß in bezug auf die elementarsten Lebensbedürfnisse, nämlich durch Schlaf neue Kräfte zu bekommen, Hunger und Durst zu stillen sowie den Geschlechtstrieb zu befriedigen, zwischen Tier und Mensch prinzipiell kein Unterschied besteht, geschweige denn zwischen mir und meinem Nachbarn. Alle Hochreligionen und philosophischen Systeme, auch die außerhalb des christlich-abendländischen Kulturkreises, wie etwa der Buddhismus und andere Formen östlicher Weisheit, unterscheiden deshalb zwischen dem Körper und dem verschieden benannten »eigentlich« Menschlichen, das im Körper nur gefangen sitzt und erlöst werden muß. Bei dieser Sichtweise, die überhaupt nichts spezifisch Christliches hat, wird der Körper zum Prinzip des Widersachers: moralisch zum Bösen, Trägen oder Faulen, ästhetisch zum Widerwärtigen bzw. Häßlichen, intellektuell (noëtisch) bestenfalls zum Ungeschickten und Tölpelhaften, meist aber zum Dummen, Wahnsinnigen oder Verrückten, gesellschaftlich zum Ungehörigen oder Verächtlichen und politisch zum bedrohlich Anarchischen. Hinter dem Trieb zur Befriedigung des Schlafbedürfnisses lauert die Todsünde der Trägheit, hinter dem zur Stillung von Hunger und Durst die Todsünde der Völlerei, und der Geschlechtstrieb führt geradewegs zur Todsünde der Wollust.

Der Inbegriff dieser Art von Körperlichkeit aber ist die Geschlechtsregion. Während sich mit fast allen Teilen des Körpers durchaus Erbauliches und Vergeistigendes anstellen läßt – mit dem Kopf etwa als Sitz des Geistes, dem Bauch bzw. der Brust als Sitz der Seele, dem Mund bei Verkündigung und Unterweisung und so fort mit den übrigen Gließmaßen und Sinnen –, entziehen sich die sichtbaren Teile und Funktionen der Geschlechtsregion hartnäckig der Vergeistigung; sie sind unnütz dazu oder sogar hinderlich, und deshalb ist auf sie und ihre Namen die ganze Tabufurcht abgeladen worden, die eigentlich den tiergleichen, elementaren Trieben zur Befriedigung der Grundbedürfnisse gilt.

Das ist aber nur die eine Seite; denn wie jeder weiß, ist die Befriedigung der elementaren Triebe ebenso elementar schön wie lustvoll, so daß es ganz unmöglich wäre, darüber keine Worte zu machen. Ganz im Gegenteil regt gerade der hoch tabuisierte Geschlechtsbereich des Körpers die sprachschöpferische Phantasie mächtig an. »Schmutzige Wörter« sind zugleich immer auch »Kraftworte«, die z.B. bei Frust, Wut, Enttäuschung, Liebeskummer und zur Selbstbehauptung in allen möglichen Widrigkeiten des Lebens hilfreich sein können. Je stärker die allgemeine Übereinkunft den Gebrauch verbietet, desto kräftiger ist ihre Wirkung als Ventil und verbale Waffe. Das bedeutet andererseits aber, daß häufiger Gebrauch selbst das stärkste Tabuwort abnutzt. Wer sowohl die Schockwirkung als auch die Ventilfunktion der Tabuwörter für die wenigen extremen Situationen erhalten will, in denen er sie wirklich braucht, benutzt in weniger ernsten Fällen Wendungen, die genau dasselbe meinen, es aber mehr oder weniger stark durch Sprach- und Wortspiele verhüllen. Zum Beispiel wird das schockierend explosive »fuck« durch Dehnung des kurzen »unreinen« Vokals in die neuen Hüllwörter »fork« bzw. »firk« verwandelt – »firk« verhüllte erfolgreich zur Shakespearezeit, »fork« noch heute. Dabei waren Lautverwandtschaften hilfreich: Bei »firk« war es der Dolch – englisch »dirk« (ein Penishüllwort) –, der ja normalerweise in der Scheide – lateinisch »vagina« – steckt; bei »fork« ist es die saloppe Abkürzung des borniert klingenden »fornicate« – »Unzucht treiben«. »Fork« wiederum regte »dork« als Variante zu »dirk« an; ein »dork« ist ein schrecklich tölpelhafter, verquerer, seine Umgebung nervender Dummkopf. In Amerika, wo man vor allem deutschsprachige Einwanderer derart einschätzt, erfuhr der »dork« eine deutsch klingende Erweiterung zu »dorkmunder«, der dann auch als »dortmunder« auftreten kann.

Der Kernbestand der »schmutzigen Wörter« in diesem Buch wird in den Artikeln über die Bezeichnungen für die Teile und Funktionen der Geschlechtsregion dargestellt:

Ass und **Shit** sowie **Balls, Cock, Cunt** und **Fuck** mit ihren Anwendungen, Zusammensetzungen, ihren Euphemismen und anderen den Tabubruch vermeidenden Hüllwörtern sowie ihren oft ebenfalls tabuisierten Synonymen.

Ergänzende Artikel behandeln verwandte Wörter und Gegenstände:

Baloney und **Banana** – zu den Aspekten der (meist penishaften) Dummheit und des Unsinns mit kulinarischen Untertönen,

Birds – zu allgemeinen Aspekten der Tölpelhaftigkeit, Dummheit, Geilheit und des Wahnsinns,

Brains and heads of all sorts – zu allgemeinen Aspekten der Beschränktheit, Tölpelhaftigkeit, Verrücktheit und des gesellschaftlichen Außenseitertums mit gelegentlichen kulinarischen Untertönen,

Broad – zu den (»cunt«-haften) Aspekten der Beschränktheit und des gesellschaftlichen Außenseitertums,

Bugger – eine historische Ergänzung zu »fuck« mit »ass«-Aspekt,

Bullshit – zu den (penishaften) Aspekten der Dummheit und des Unsinns,

Bum – hauptsächlich zu den »ass«-Aspekten des gesellschaftlichen Außenseitertums,

Moll and her sisters – zu (meist »cunt«-haften) Aspekten des gesellschaftlichen Außenseitertums,

Moron – Sammelartikel zum Aspekt der Dummheit,

Nut – Sammelartikel zum Aspekt der Verrücktheit und des Wahnsinns,

Weirdo – Sammelartikel zum Aspekt des gesellschaftlichen Außenseitertums.

In den Artikeln habe ich weitgehend darauf verzichtet, den wort- und sprachspielerischen Querverbindungen und verschlungenen Assoziationsketten im einzelnen nachzugehen; ebenso halte ich allzu viele Beispielsätze für ermüdend und die Sprachphantasie des Lesers einengend. Außer Übersetzungen – sofern nötig – und sachlichen Erläuterungen habe ich den aufgeführten »schmutzigen Wörtern« und ihren Synonymen deshalb meist nur Hinweise zur Tabuqualität oder zum Anmutungscharakter beigefügt.

Die Auswahl ist selbstverständlich subjektiv und keineswegs vollständig. Wörter aus Slang-Lexika, die mir anderweitig noch nicht begegnet sind, habe ich grundsätzlich nicht aufgenommen, ebenso Wörter aus dem neuesten »ghetto-speech« oder anderen kurzlebigen Gruppenidiomen. Zur Anregung und zur Überprüfung meiner Wortsammellisten habe ich benutzt: Paul Dickson: *Slang! The topic-by-topic dictionary of contemporary American lingoes*, New York 1990 – Hugh Rawson: *Wicked Words: a treasury of curses, insults, put-downs, and other formerly unprintable terms from Anglo-Saxon times to the present*, New York 1989 – und Richard A.

Spears: *Contemporary American slang*, München 1991. Hilfreich zur Einschätzung des zwar nicht tagesaktuellen, dennoch aber einigermaßen zeitgemäßen Sprachgebrauchs war der langjährige berufliche Umgang mit englischsprachiger Unterhaltungsliteratur; das Fundament legten die in den Artikeln genannten und zitierten »Klassiker« von Chaucer bis Joyce; zum alten Sprachgebrauch und zur Wortherkunft habe ich mich vor allem auf das »Oxford English Dictionary« und das »Middle English Dictionary« von Hans Kurath und Sherman M. Kuhn verlassen. Alle sonstigen Quellen, auf die ich mich in den Erläuterungen beziehe, werden dort jeweils auch genannt.

München im April 1997

Ass

Das Wort bedeutet sowohl »Esel« als auch »Arsch«. Zwar gibt es immer noch die orthographische Unterscheidung von »ass« und »arse«, aber beides klingt doch so ähnlich, daß der »arse« schon früh im »ass« aufging. Zarte Gemüter mochten deshalb das Grautier weder schriftlich noch mündlich nach altem Herkommen bezeichnen, sondern erfanden dafür das neue Wort »donkey«, das möglicherweise von dem schottischen Personennamen »Duncan« abgeleitet ist – und ein Schlaglicht auf das Verhältnis der Engländer zu den Schotten wirft. Das half natürlich überhaupt nichts, denn: after all, a donkey is an ass, und bei »ass« denken wir eben doch alle an den korrekterweise »arse« geschriebenen Körperteil, wie uns der Erfinder des Limericks von der »young lady of Madras« zu Recht unterstellt:

> *There was a young lady of Madras*
> *Who had a magnificent ass -*
> *Not rounded and pink,*
> *As you probably think -*
> *It was grey, had long ears, and ate gras.*

Selbst in Beschimpfungen wie »You [silly/stupid] ass!« dürften die wenigsten noch an den Esel denken, sondern das Wort eher als pars pro toto verstehen, also »Du blöder Arsch!«, nach dem Muster des sehr britischen »You silly prick!« etwa – einer Beleidigung, in der ebenfalls ein hervorragender Teil (pars), das Zeugungsorgan, für das Ganze (pro toto) des Menschen genommen wird (s. »prick« unter den Synonymen zu *Cock*). Traditionell ist »der Esel« sehr dumm, faul, grob, hinterhältig, gewalttätig und überaus geil – alles, was ein »ass« im Kopf hat, ist Herumkrakeelen, Fressen, Saufen, Ficken. Diese ganz spezielle Mischung von Esels-Eigenschaften hat auch auf den gleichbenannten Körperteil abgefärbt; Beleidigungen oder überhaupt Aussprüche mit »ass« haben immer was sehr Physisches, machen den Sprecher mucho macho.

Anwendungsbeispiele

Vor allem im Amerikanischen ist »ass« nahezu universal verwendbar, wenn etwas besonders drastisch ausgedrückt werden soll – auch ganz ohne beleidigende Absicht:

My ass! – ein Ausruf krasser Ungläubigkeit – deutsch etwa »sonst noch was!« oder »du hälst mich wohl für bescheuert!«. Eine oft vorkommende abgemilderte Version ist

My foot!,

was für Angelsachsen relativ harmlos klingt, für Deutsch- oder Französischprachige ganz und gar nicht.

He has his head up his ass – besagt, daß der Betreffende sich grob unintelligent verhält – deutsch etwa »der spinnt komplett«. Eine englische Variante wäre

He is acting stupid-assed,

worin der »ass« wieder mehr vom »donkey« und etwas weniger vom »arse« hat.

In verfeinerter Form spricht man das mit dem Kopf im Arsch nicht direkt aus, sondern fragt statt dessen z.B.:

Isn't it dark there?

oder man fordert sein Beleidigungsopfer auf:

Pull your head out!

He doesn't know his ass from [a hole in the ground / his own elbow / the business end of a gun ...] – besagt, daß der Betreffende wirklich sehr dumm ist: Er kann seinen Arsch nicht mal von einem Loch im Boden oder seinem eigenen Ellbogen oder der Mündung eines Gewehrlaufs unterscheiden.

to ass about / around – ist ebenfalls eher eselhaft und entspricht ungefähr dem deutschen »dummes Zeug anstellen«.

to ass up: Jemandem vorzuwerfen,

You've assed up the whole [situation / performance / setting / ...],

ist längst nicht so aggressiv wie »You've fucked up ...« und erheblich »gesellschaftsfähiger«.

to barrel ass – wörtlich etwa: »A. verstauen« – bedeutet etwa »mit quietschenden Reifen abhauen« oder auch einfach »besonders aggressiv fahren«.

to haul ass – wörtlich etwa: »A. transportieren« – betont den Fluchtcharakter etwas stärker; ein Ratschlag für jemanden, der sich in Gefahr befindet, könnte lauten:

You better haul ass to save your ass!

I / You better do it now, or my / your ass is grass! – droht pauschal mit ernsthaften Konsequenzen, die zwar nicht näher bezeichnet werden, auf jeden Fall aber dem eigenen oder fremden »ass« drohen.

Get your ass in gear! – wörtlich etwa »Bring deinen A. in Gang!« – bedeutet »Beweg dich!« oder »Nun mach schon!«

to cover one's ass – »seinen A. bedecken«, sich absichern – ist überall, wo es hierarchisch zugeht, ein bewährtes Routineverhalten, so daß es im Fall eines Falles nie einen Verantwortlichen gibt.

to chew ass – wörtlich: »A. kauen« – verbal »fertigmachen« – funktioniert gerade in hierarchischen Zusammenhängen nur von oben nach unten, trifft also immer nur Untergebene, die der Devise

CYA – Cover Your Ass!

nicht strikt genug gefolgt sind. In den meisten Fällen ist es mit dem »ass-chewing« nicht getan, und der arme Untergebene hat noch andere Konsequenzen zu tragen, möglicherweise eine Versetzung auf einen Außenposten irgendwo »am Arsch der Welt« in »Bumfuck, Egypt« zum Beispiel (s. unten »bum«).

to kick ass – »zusammenstauchen« oder »Beine machen« ist für die Betroffenen meist erheblich weniger unangenehm: Wenn das »ass-kicking« einmal vorüber ist, droht nicht, wie fast immer nach dem »ass-chewing«, weiteres Ungemach.

ass-kicking – kann auch durchaus Anerkennenswertes ausdrücken:

to be busy like a one-legged man in an ass-kicking contest

bedeutet, eine Sache wirklich *sehr* emsig zu betreiben.

kick in the ass – bedeutet »Pech« oder »negative Erfahrung«, nie den physischen Tritt in besagten Körperteil. Zartere Gemüter bezeichen ein Ereignis, das sie um Jahre zurückwirft, oder andere Arten von Pech als »kick in the pants«.

Kiss my ass – entspricht ehestens dem deutschen »Leck mich am Arsch«, ist aber viel aggressiver, der Wurschtigkeitsgehalt der deutschen Formel ist kaum vorhanden. In der verkürzten Form

Kiss ass!

ist es wie »Fuck off!« oder »Piss off!« oder »Drop dead!« oder »Go to hell!« eine sehr rüde Aufforderung an jemanden zu verschwinden.

Stick [shove] it up your ass – gehört zu den stärksten Beleidigungen. Die Abkürzungen der Formel

Shove it [up] oder Stick it [up]

sind kaum weniger schlimm. Anders als bei dem nach Stärke und Bedeutung allenfalls vergleichbaren »fuck yourself« handelt es sich aber nicht in jedem Fall um eine Aufforderung zu einer anatomiewidrigen Sexualpraktik, oft ist »it« auch etwas, das dem Beleidigten am Herzen liegt, eine Sache, Pläne, Ideen, Personen oder die Menschheit, und das ebenfalls durch die Formel getroffen werden soll.

Ass bandit – ein Machoausdruck mit erheblichem Beleidigungspotential für einen männlichen Homosexuellen.

Ass man – ist im Zusammenhang mit *piece of ass* ein zwar sehr vulgärer Ausdruck für »homme à femmes«, aber fast nie eine Beleidigung.

Asshole – wie im Deutschen ein schlimmes Schimpfwort. Leicht abgemildert sind die Versionen

A.H. oder *A-hole*:

What can you expect from an a.h. like him?

oder

Would you stop now acting like an a-hole!

In Machokreisen, besonders beim Militär, erscheint es aber auch ins Positive gewendet:

A. and B. are real asshole buddies [since they met in Nam]

ist keinesfalls eine Anspielung auf die sexuelle Orientierung von A. und B., sondern drückt unter harten Männer lediglich aus, daß sie wie »Pech und Schwefel« zusammenhalten.

He keeps his asshole tight

ist eine anerkennende Äußerung eines Machos über einen Macho, der auch in Gefahren einen kühlen Kopf bewahrt, sich eben *nicht* vor Angst in die Hosen macht (zurückhaltend: »He is loosing his bowels« – grob beleidigend: »He's crapping his pants«).

Ass peddler – eine aggressiv herabsetzende Bezeichnung für Prostituierte beiderlei Geschlechts.

Badass – ein bösartiger, gewalttätiger, auch heimtückischer Zeitgenosse, dabei nicht gerade der Hellsten einer. In diesem Ausdruck ist das traditionelle Esels-Image besonders rein erhalten.

Candy ass – eine aggressiv herabsetzende Bezeichnung, die in etwa dem deutschen »Feigling« entspricht, allerdings mit einer starken Nebenbedeutung von »weibisch« oder »Weichling«.

Dead-ass – eigentlich: so dumm und wertlos wie ein toter Esel, kann aber auch als »toter A.« verstanden werden, ähnlich wie das deutsche »tote Hose« und ist auf Personen und die Vorstellungen von Personen anwendbar, z.B.:

> *What a dead-ass idea!*

oder

> *He is such a dead-ass bum!*,

wobei »bum« hier nicht ein Synonym für »ass« ist, sondern etwa »arbeitsscheuer Nichtstuer« oder »jämmerlicher Loser« bedeutet (s. *Bum*).

Horse's ass – bezeichnet einen Idioten, der sich außerdem nicht zu benehmen weiß, also einen typischen Esel. Seine Eselhaftigkeit aber ist von so riesigen Ausmaßen, daß nur ein Pferdearsch die Proportionen veranschaulichen kann.

Pain in the ass – »Nervensäge« beiderlei Geschlechts, auch Dinge oder Ereignisse, die »nerven« (wie etwa Game Shows im Fernsehen oder Umleitungen im Straßenverkehr):

> *Why can't you stop being a pain in the ass?*

könnte man z.B. jemanden fragen, der einem unbedingt irgendetwas, einen Staubsauger, eine Unfallversicherung oder einfach nur seine Überzeugungen andrehen will, allerdings nur, wenn man sehr viel stärker ist als der Beleidigte. Menschen, die »ass« nie in den Mund nehmen, behelfen sich mit *Pain in the neck*.

Piece of ass – ein Machoausdruck für »Frau«. Je nach Kontext kann das sehr verletzend und herabsetzend sein, übrigens auch für den Mann, der damit in Verbindung gebracht wird; z.B.

> *First thing he got himself a piece of ass to get his rocks off.*

Es kann aber auch, ganz unter uns, Anerkennung ausdrücken:

> *Look at her – what a gorgeous piece of ass,*

wobei zur anerkennenden Bewunderung des erfreulichen Anblicks immer die Vorstellung besonderer sexueller Fähigkeiten tritt.

Smart-ass und **Wise-ass** – jemand, der klug daherredet, ein Klugscheißer: der aus der Fabel bekannte Esel, der Lehrer sein will.

Sorry-ass(ed) – sehr ähnlich wie »dead-ass« mit starker Betonung des Armseligen.

Tightass(ed) – jemand, der sehr rigide Moralvorstellungen hat. Sätze wie:

> *He is very tightassed about premarital sex*

oder

> *He is a real tightass about condoms*

würden z.b. das Oberhaupt der römischen Kirche recht gut charakterisieren; denn vorehelichen Sex oder den Gebrauch von Kondomen sieht er doch sehr verkniffen. Sehr viel seltener ist auch die Bedeutung »Geizhalz« bzw. »geizig« möglich.

Wild-ass(ed) – »völlig verrückt« – sind in der Regel nur Ideen, Vorschläge, Vorstellungen.

Ausgewählte Synonyme

Sie passen eigentlich nur, wo ganz eindeutig der Körperteil gemeint ist, also nicht z.B. zum Austausch in »wise-, dead-, smart-, sorry- ...ass« oder »badass«. Anderseits können Ersetzungen, gerade wo sie eigentlich unpassend sind, besonders schöne Effekte ergeben.

Assterior – von »ass« und »posterior«, lateinisch »der Hintere« (gebildet und etwas snobistisch).

Backgarden, Backporch, Backside, Backyard – alle sehr volkstümlich.

Beam – der hintere Teil des Pflugs, der »Pflugbaum«; bei Schiffen Decksquerbalken, und davon abgeleitet die größte Decksbreite eines Schiffs (eher gebildet und leicht snobistisch).

Broad-beamed – drückt die seemännische Anerkennung für geräumige Schiffe ebenso wie für Damen mit ausladender Hüftpartie aus (s. unten *Broad*).

Behind – rücksichtsvoll, zartfühlend, leicht altjüngferlich.

Biscuit – eine etwas snobistische Variante zu »bun« bzw. »buns« (Brötchen).

Booty – neckische Variante zu »bottom« und »buttocks«.

Bottom – das Untere, der Boden – »altenglisch«, sehr rücksichtsvoll, etwas snobistisch. Als Hüllwort bzw. Euphemismus für »ass« ist »bottom«

von ehrwürdigem Alter und unter anderem auch durch Shakespeare geadelt. In seinem »Sommernachtstraum« (»A Midsummer Night's Dream«) heißt so der Weber, der in einen Esel verwandelt wird (»bottom« bedeutet auch Kettfaden am Webstuhl, der deutsche Fachausdruck ist »Zettel«), und das ergibt die Assoziationsreihe bottom → arse → ass.

Brunswick – erlaubt sowohl akustische als auch farbliche (brown) Assoziationen, eher ein Synonym für den Anus, in jedem Fall sehr snobistisch.

Bucket – wörtlich »Eimer« oder »Kübel« – spielt wie andere Wörter für »Behältnis«, z.B. »can« bzw. »canetta«, »keister« oder »satchel«, auf den Inhalt dieses Körperteils an (»bucket« und »can« sind auch Euphemismen für das Klo) bzw. darauf, daß man dort etwas hineinstecken kann.

Bum – eher kindlich-kameradschaftlich; entstanden aus einer Dialektvariante zu »bottom« oder auch »bump« – rundliche Erhebung – und im Englischen lange als gesellschaftlich akzeptable Bezeichnung vorhanden; Shakespeare, der sich sonst vor Tabuwörtern wie etwa »cunt« (s. unten *Cunt*) oder »fuck« (s. unten *Fuck*) hütet, hat bei »bum« keine Bedenken: Im »Sommernachtstraum« etwa prahlt der »Puck« Robin Goodfellow (s. unten unter *Cock*) mit seinen Streichen, darunter:

> *The wisest aunt, telling her saddest tale*
> *Sometime for three-foot stool mistaketh me;*
> *Then slip I from her bum, down topples she*

Sinngemäß und einigermaßen wörtlich:

> Die weiseste [alte] Tante, wenn sie gerade ihre traurigste Mär verkündet, verwechselt mich bei Gelegenheit mit einem Dreifuß[-Schemel]; dann rutsch ich von ihrem Hintern – und schon purzelt sie

Nicht zu verwechseln mit dem sehr herabsetzenden »bum« für (u.a.) »arbeitsscheuer Nichtstuer« oder »jämmerlicher Loser« (s. *Bum*).

Bun(s) – s. »biscuit«.

Butt – bedeutet u.a. »großes Faß« wie das deutsche »Butte« oder »Bütte« und gehört insofern zu den »Behältnis«-Synonymen wie »bucket«, wobei ein »butt« erheblich umfangreicher ist als ein »bucket«. Andererseits bezeichnet »butt« dicke, stumpfe oder untere Enden verschiedener Gegenstände wie ein dickes Stück Fleisch, den unteren Teil eines Baums, einen Gewehrkolben oder auch einen Zigarettenstummel – ein insgesamt eher grob-gemütliches Synonym. Wenn es besonders dick kommt, ist es ein »bubble-butt«.

Buttocks – ein Versuch zur Neutralität, ums rein Anatomische bemüht, eher *british*.

Caboose – Schiffsküche (Kombüse), im Amerikanischen auch das Bremserhäuschen bei Eisenbahnwagen; dieses befindet sich immer achtern; die Schiffsküche ist eng, warm und riecht nach altem und neuem Essen, anders als das Bremserhäuschen befindet sie sich zwar in einem Aufbau auf dem Vorschiff, der aber wird seemannssprachlich »Back« genannt, und das kann ja auch »Rücken« heißen – leicht snobistisch, denn wer kennt sich schon in der Schiffahrt und bei historischen Eisenbahnen aus.

Can (Canetta) – s. »bucket«.

Cakes – ähnlich wie »biscuits« und »buns«, aber ziemlich rauher Slang, mit Reimanspielung auf »shake« – mit dem Hintern wackeln.

Cheeks auch **Nether cheeks** – sehr viel zarter als das deutsche »Backen«.

Derrière – sehr affektiert und snobistisch – der Sprecher weicht ins Französische aus.

Exhaust pipe – Auspuff; ziemlich grob und automobilistisch, mehr auf den Anus als auf die Backen bezogen.

Fanny – ein sehr lieblich und nett gemeintes Synonym; entstanden ist es wohl ursprünglich in Anlehnung an den Namen der Romanheldin von John Clelands »Fanny Hill« und war deshalb zunächst ein Euphemismus für Vagina. – Unter literarisch gebildeten Amerikanern kann »Fanny« auch zu »Francis« werden, denn das ist die korrekte Form des Namens. Distinguierte Mitglieder einer gehobeneren Körperschaft, eines Aufsichtsrats etwa, könnten beispielsweise einen gewissen Hang zu unangemessener Selbstdarstellung bei ihrem Vorsitzenden mit dem Satz kritisieren:

> *Our very esteemed chairman develops a tendency to be a pain in the francis.*

Gazonga – olfaktorische und akustische Anspielung mit hispanisierender Note – ziemlich harter Slang.

Glutei – medizinisch-anatomisch und sehr snobistisch.

Goldmine – Reminiszenz an die überall verbreitete Vorstellung vom »Gold (oder Geld) scheißen«.

Hams – Schinken, ähnlich wie im Deutschen ziemlich grob.

Handlebars of love – die Backen als Handgriffe (oder Henkel) der Liebe zum Steuern der *action*.

16

Heinie oder Heinder – ein eher kindersprachliches Synonym mit starker Assoziation vom deutschen Personennamen zu »hind-quarters« bzw. »hind end« einerseits und »heinous« – schändlich, abscheulich, verrucht – andererseits.

Hind end und Hind-quarters – starke Betonung der Sitz- und Ruhefunktion – derb gemütlich.

Honkies – erlaubt sowohl akustische Assoziationen (»honking« bezeichnet die Laute von Wildgänsen und Autohupen) als auch die Vorstellung des Niederhockens »on one's hunkers« – auf sein Hinterteil.

Hootenanny – Name einer der Heldinnen aus Amerikas legendärer Pionierzeit (»Schreiende Anna«), ihre Stimme soll von erheblicher Durchschlagskraft gewesen sein; erlaubt akustische Assoziationen und reimt auf »fanny«.

Ireland – ein Euphemismus in gebildeten Zirkeln, allerdings nicht empfehlenswert, wenn Iren anwesend sind. Urheber ist der große William Shakespeare. In der »Comedy of Errors«, die von der glücklichen Wiedervereinigung bald nach der Geburt gewaltsam getrennter Zwillingsbrüder handelt – zwei Zwillingsherren, Antipholus aus Ephesus und Antipholus aus Syrakus, sowie ihre Zwillingsdiener, Dromio aus Ephesus und Dromio aus Syrakus –, beschreibt der Diener Dromio (aus Syrakus) seinem Herrn Antipholus (aus Syrakus), wie es ihm im Haus des Antipholus (aus Ephesus) ergangen ist, weil man ihn dort für den Diener Dromio (aus Ephesus) gehalten hat; dabei konzentrieren sich Herr und Diener (aus Syrakus) vor allem auf die korpulente Köchin im Haus des Antipholus (aus Ephesus). Der Diener beschreibt sie als rund wie ein Globus und behauptet, daß er Länder auf ihr ausmachen konnte. Die fragt sein Herr ab, so auch: »In what part of her body stands Ireland?«, worauf sein Diener antwortet: »Marry, sir, in her buttocks: I found it out by the bogs.« (Deutsch ungefähr: »Also ehrlich Chef, in ihrem Hintern: Ich hab es an den Sümpfen erkannt.«).

Kazoo und **Wazoo** – erlaubt akustische Assoziationen (harter Slang)

Keel – seemännisch rauh und herzlich.

Keester *(Keister)* – s. »bucket«.

Labonza – Anspielung auf elastische Eigenschaften mit hispanisierender Note – ziemlich harter Slang.

Moon – rund und hell glänzend – ein international gebräuchlicher Euphemismus.

Moneymaker – ähnlich wie »goldmine«, meist aber grob beleidigend, weil die Bedeutung »Arbeitsgerät von Prostituierten« naheliegt.

Parkingplace wie **Seat** oder **Sitter** – betonen die Ruhefunktion.

Posterior – sehr gebildet und sehr snobistisch – der Sprecher zieht sich aufs Lateinische zurück.

Poop – einerseits der seemännisch korrekte Ausdruck für das Hinterdeck von Schiffen, anderseits aber auch kindersprachlich das »Häufchen«, und schließlich auch »einfältiger und dazu noch eingebildeter Typ«, »Würdepopo«.

Rear end – ähnlich wie »hind end«.

Rear guard – die Nachhut – hochgemut militärisch.

Rump – der Rumpf – einerseits sehr rücksichtvoll bis verklemmt, andererseits mit akustischer Anspielung kraftvoll auftrumpfend; dies verstärkt in »rumpus«.

Rusty-dusty – gemütlich-familiäre Anspielung auf Rostfarbenes.

Satchel – »Beutel« oder »(Schul-)Tasche« gehört zum Typus »bucket«, ist aber etwas weniger rauh.

Seat – s. »parkingplace«.

Second face – zunächst wohl ein gebildeter Euphemismus nach traditionellen Teufelsdarstellungen; Teufel haben am Arsch ein zweites Gesicht, dessen »Mund« der Verehrer küßt; *Sunday face* ist wahrscheinlich ein doppelter Euphemismus, der die Teufelsassoziation vermeidet.

Sitter – s. »parkingplace«.

Soft peat – wörtlich »zarter Torf« – ist ein Reim auf »seat« mit Assoziationen an das französische »péter« – furzen (wie in manchen Gegenden des deutschen Sprachraums »Päter« oder »Pöter« ein Euphemismus oder kindersprachlicher Ausdruck für »Arsch« ist).

Stern – seemännischer Ausdruck für das Schiffsheck.

Southern Exposure – »südliche Aufdeckung« oder »Bloßstellung« oder auch einfach nur »südliche Lage«; ähnlich der deutsche Euphemismus »Südpol« (Süden = unten, Pol = Po[l]).

Tail – anders als im Deutschen in der Regel nicht Synonym für »Penis« (Schwanz), sondern ähnlich wie »Hinterteil« verwendet.

Tochis, Tuches, Tush, Tokus, Dokus – Synonyme aus dem Jiddischen und Ableitungen davon sind eher familiär gemütlich, gelten aber oft auch als sehr ordinär.

Toot, Toot-Toot, Toots oder Tootsy – ist eine Mischung aus »tochis«

und »booty« mit einer Prise akustischer Assoziationen und über »tooting a bugle« – Horn blasen – auch einem ganz kleinen bißchen oralen Sex. Ziemlich neckisch. In Amerika auch ein Machowort mit der Bedeutung »Schätzchen«.

Vestibule – betont stark den Ruhecharakter und zieht sich zugleich ein wenig arrogant ins Französische zurück.

Whatsus – sehr stark tabuisierend, dabei aber doch kraftvoll aufs Akustische anspielend.

Balls

Während der Singular »ball« ein ganz unschuldiges Wort (Ball) geblieben ist, hat der Plural seine Unschuld fast vollständig eingebüßt: »Balls« wird durchgängig als Kurzform des älteren »ballocks« (oder »bollocks« oder »bollix«) verstanden und klingt im Englischen ebenso ordinär wie im Deutschen »Eier«, hat aber, weil einsilbig, weit mehr Durchschlagskraft. Oft sind gar nicht die Testiculi gemeint, sondern das Wort ist ein besonders kräftiger und roher Ausdruck für »Unsinn« oder, positiv gewendet, für Mut und Durchsetzungskraft. Die rein anatomische Bedeutung hat sich nur in wenigen Redewendungen und Ableitungen erhalten.

Anwendungsbeispiele

Balls – der Ausruf »Balls!« ist eine empörte Zurückweisung mit der Bedeutung »Kompletter Schwachsinn!« oder »Verarsch dich doch selbst!«. Abschwächende Synonyme sind z.B. »Bananas!« oder »Baloney!« (s. *Baloney*).

Ein Gebrauch von »balls«, der durchaus nicht nur unter Machos Anerkennung ausdrückt, stammt wahrscheinlich aus den romanischen Ländern. Dabei wurde die anatomische Bedeutung derart verdrängt, daß selbst von einer besonders durchsetzungsfähigen Frau gesagt werden kann:

She's got balls!

Und es ist gar nicht ungewöhnlich, wenn Frauen z.B. fordern:

What we need, is some more ballsy women in public life!

Ein etwas gesellschaftsfähigeres Synonym ist z.B. »guts« – Eingeweide; für Frau Thatcher, die während ihrer Amtszeit als englische Premierministerin ihren Anhängern oft als »einziger Mann« unter den europäischen Staatschefs galt, warb auch der Slogan

Vote Maggie, she's got guts!

to ball – ist eine sehr rauhe und machohafte, hauptsächlich in Amerika gebrauchte Variante zu »fuck«, allerdings wird es, anders als »fuck«, nur selten in übertragener Bedeutung gebraucht. Die am häufigsten vorkommende Parallele in dieser (übertragenen) Hinsicht ist »to ball up«. So ist der Vorwurf

You've balled up the whole situation

etwas zurückhaltender und vor allem sehr viel »britischer« formuliert als mit der Verwendung des bösen F-Worts.

Während aber z.B.

A. fucks B.

sehr oft bedeutet, daß A. B. ausbeutet oder schlecht behandelt, sexuell aber zwischen A. und B. nicht das geringste passiert, ist

A. balls B.

immer ganz eindeutig.

A. has B. by the balls – ist dagegen wieder reine Metapher: B. ist von A. erpreßbar oder gegenüber A. in einer anderweitig chancenlosen Situation; was immer A. verlangt, B. muß es tun. Ein Lobbyist beim amerikanischen Kongreß beispielsweise,

who has a bunch of congressmen by the balls,

könnte die Gesetzgebung sehr wohl im Sinn seiner Auftraggeber beeinflussen.

Ballbuster – ist eine Ableitung von »balls« mit dem Verb »to bust«, ein sehr derber Ausdruck für »zerstören« (kaputtmachen, hinmachen, zerbrechen). Das Wort kann Personen bezeichnen, die etwa mit Untergebenen oder sonstigen Abhängigen, aber auch Kontrahenten rauh umspringen und das Letzte aus ihnen herausholen, z.B.

This new managing director [math teacher, shop steward] is a real ballbuster

oder besonders schwere bzw. schwierig zu lösende Aufgaben, z.B.

The last math-test has been a mega-ballbuster!

Ausgewählte Synonyme

Alle hier genannten passen (wie bei »ass«) eigentlich nur auf die anatomischen »balls«.

Berries – Anspielung auf die Form, ein bißchen verächtlich.

Bullets – militaristisch-machohaft, sehr amerikanisch.

Chestnuts – wörtlich »Roßkastanien« – ganz schön groß.

Clangers – Anspielung auf Verkehrsgeräusche, mucho macho.

Cobbler's awls – »Flickschusters Ahlen« – die Anspielung funktioniert – *very british!* – hauptsächlich über den Reim auf »balls«.

Family Jewels – volkstümlich-gemütlich. Varianten sind u.a.

Jewelry – Schmuck – etwas abschwächend, stärker das Tabu beachtend, *Ladies' treasure* – eher machohaft;

Rubies – Rubine – noch etwas tabubewußter als »jewelry«;

Trinkets – Flitterkram – ähnlich wie »rubies«, aber mit herablassender Note.

Gadgets – Dinger, Teilchen, Krimskrams – akzentuiert den Spielcharakter, reichlich unernst.

Gajoobies – aus »gadgets« und »rubies«.

Marbles – »Murmeln« oder »Marmorkugeln«, sehr ähnlich wie »family jewels«, betont aber zugleich Glanz, Härte und Spielcharakter.

Niagara – verkürzt aus dem Reim »Niagara Falls« und anschaulicher als »cobbler's awls«, weil (gelegentlich) das Wasser darüber fließt.

Nuts – ein weitverbreitetes Synonym; kann aber je nach Kontext auch die Bedeutung »verrückt« haben (s. unter *Nut*).

Orchestra – verkürzt aus dem Reim »orchestra stalls«, Orchestergraben; wie »Niagara« und »cobbler's awls« sehr britisch und ziemlich snobistisch.

Parts – sehr ängstliche Tabuvermeidung; die Varianten werden deutlicher:

Moving parts – spielt auf die *action* an;

Private parts – betont das Nichtöffentliche.

Pills – ähnlich wie »berries«.

Things oder **One's things** – Hier treibt die Furcht vorm Tabu ins Bedeutungslose.

Baloney

Das Wort bedeutet »Unsinn« oder »dummes – gelegentlich auch unaufrichtiges – Geschwätz«. Entstanden ist es wahrscheinlich erst während der 20er Jahre in den USA als druckreifer Euphemismus der entsprechenden Bedeutung von »balls« oder »bullshit« (s. *Balls*, s. *Bullshit*). Namenspate könnte eine in Amerika beliebte und als »bologna« bezeichnete Cervelatwurstsorte gewesen sein. Da »sausage« – Wurst – auch ein Ersatzwort für Penis ist, wäre der Weg von »balls« zu »baloney« auch aus »sachlichen« Gründen und nicht nur der Schreibweise wegen plausibel.

Anwendungsbeispiele

Neben der Verwendung in dem Ausruf »Baloney!« eignet sich das Wort besonders gut für Sprachspiele wie Reime oder Verschmelzungen mit Wörtern, die auf »-bal« enden. Die Suada eines Scharlatans kann man z.B. mit

I don't swallow this baloney any longer!

zu unterbrechen versuchen. Varianten wären möglich mit

phony baloney – des Reimes wegen und zur Bezeichnung des »unechten«, des »Schwindlers« und »falschen Fuffzigers«,

phonus balonus – wenn sich der Angeber ein wissenschaftliches Mäntelchen umhängt,

bull-oney – deutet an, daß eigentlich ein viel schärferes Wort, nämlich »bullshit«, angebracht wäre, der Schreiber (diese Variante funktioniert nur schriftlich) sich aber gerade noch mit Rücksicht aufs eigene Niveau und das der Leser zurückhält,

globaloney – weil der Schwachsinn wirklich riesig ist,

verbaloney – der vielen Worte wegen.

Ausgewählte Synonyme

Es handelt sich dabei hauptsächlich um Nahrungsmittel (wie wahrscheinlich auch bei »baloney«), und sie beziehen sich wie »baloney« eher auf Intellektuelles (Reden, Vorschläge, Ideen...) und weniger auf Dinge. Weitere Synonyme mit starker Betonung auf dem Unechten und Betrügerischen stehen unter *Bullshit*, die mehr ins Physische gehenden unter *Shit*.

Applesauce – ist besonders billig:

All politics is applesauce

drückt die nicht nur in angelsächsischen Ländern verbreitete Ansicht aus, Politik bestehe nur aus billigem Geschwätz.*Concentrated applesauce* ist besonders blühender Unsinn, den einer uns weismachen will.

Eine andere Bedeutungsnuance von »applesauce« ist »unaufrichtige Schmeichelei« oder »Schleimerei«. Dazu gibt es die Variante *Applebutter;* die Variante *Apple strudel* hat dagegen wieder einen starken Beigeschmack von »Unsinn«.

Banana oil – wie »applebutter«; als Ausruf eine Erweiterung von »Bananas!« – Quatsch! –, besonders wenn der Überredungsversuch »ölig« mit allerhand Schleimereien garniert war; kommt auch verkürzt als »oil« vor:

Now stop that oil, will you!

Blah – ähnlich wie im Deutschen: leeres Gerede, nur Geräusch, keine Bedeutung.

Fiddle-Faddle, Flapdoodle, Flimflam, Gobbledygook, Mumbojumbo sind lautmalende Ausdrücke mit ähnlicher Bedeutung, dazu kommt eine Andeutung von Wirrnis und plumper Betrügerei.

Beans – drückt als Ausruf Ungläubigkeit aus.

A. is full of beans

bedeutet je nach Kontext, daß A. nur Unsinn verzapft bzw. anstellt oder daß A. vor lauter Energie geradezu platzt; sehr oft ist es aber auch die leicht abgemilderte Form des sehr aggressiven

A. is full of shit – (s. unten *Shit*).

Vorsicht bei der Verwendung von »beans« ist geboten, wenn ein »beaner« (bzw. »bean eater« bzw. »beano«), also jemand aus Mexiko oder überhaupt Mittel- und Südamerika anwesend ist.

Claptrap – wörtlich eine Falle (*trap*) zum Einfangen von Beifallklatschen (*clap*) – effekthaschendes, absolut leeres Gerede; »trap« kann außerdem – je nach Kontext – betrügerische Absicht unterstellen.

Drivel – wörtlich »Sabber« – eine sehr verächtliche Bezeichnung für dummes, erbärmliches Geschwätz.

Fancy talk – besteht aus viel Schummer und Schein, auch aus betrügerischer Absicht.

Farrago – (zu betonen auf der zweiten Silbe) – ein bißchen snobistisch und sehr gebildet. Das Wort ist nachklassisches Latein und bedeutet eigentlich Mischfutter; daraus wurde aber schon in spätantiker Zeit »Mischmasch« und »Bagatellen«. Im Englischen ein Wort für »konfuses Geschwätz«.

Flummery – ähnlich wie »applesauce« bzw. »applebutter«. Flummery ist ein Dessert, sein Rezept ähnlich wie das von Crème caramel oder dem deutschen Flammeri.

Fugde – ist klebrig und süß; als Ausruf ähnlich wie »applebutter«.

Gallimaufry – gebildet und »französisch«. Das Wort verbindet »galimathias« – verworrenes, aber großspuriges Gerede – mit »goinfrer« – fressen, sich durchfressen oder schmarotzen. »Galimathias« ist schon in spätlateinischer Zeit als »galli mathia« ein Schimpfwort; übersetzt ist es »Wissen bzw. Fähigkeiten eines Hahns«, und der hat ja bekanntlich nur sehr wenig Hirn, kräht aber um so lauter auf dem Misthaufen.

Gas – nichts Substantielles, und gelegentlich stinkt es; ähnlich »hot air« und »smoke«.

Horseradish – Meerrettisch ist sehr billig, man findet ihn überall, selbst auf der Müllkippe, und er ist unbehandelt kaum genießbar; außerdem ist »horseradish« eine Parallellbildung zu »bullshit«, die beide tabuisierten Bestandteile – »bull« und »shit« – vermeidet (s. *Bullshit*).

Hype – die Suada eines Heuchlers, englisch »hypocrite«.

Marmelade – süß und klebrig, der Inhalt eher unbestimmt.

Moonshine – Der Mond gilt als launisch und unzuverlässig (weiblich!), und der Strahl des Mondlichts im Dunkel der Nacht ist so gut wie ohne Substanz, deshalb ist »moonshine« leeres Gerede, schön verpackt, bzw. dummes Zeug mit einem gehörigen Schuß Verrücktheit oder auch leicht zu durchschauender Betrug durch schönen Schein. Außerdem bezeichnete das Wort bereits im England des 18. Jahrhunderts nächtens (bei möglichst wenig Mondschein) vom Kontinent ins Land geschmuggelte Alkoholika. Für die Amerikaner war während der Prohibitionszeit »moonshine« hauptsächlich der selbstgebrannte oder geschmuggelte, jedenfalls aber streng verbotene Schnaps von oft zweifelhaftester Qualität.

Nuts – als Ausruf etwa »Das ist doch total bescheuert!« (s. *Nut,* s. *Balls,* s. *Bullshit*)

Rhubarb – sinnloses Gerede; die Bedeutung stammt wahrscheinlich aus der Theaterpraxis, Volksgemurmel darzustellen: wie auf deutschen Bühnen »Rhabarber, Rhabarber«, so auf englischprachigen »rhubarb, rhubarb«. Außerdem ist das Wort – natürlich – auch ein Penissynonym (s. *Cock*).

Spinach – Spinat – als Ausruf etwa »Du kannst mir viel erzählen!« Berühmt wurde ein Comic im »New Yorker« Ende der 20er Jahre. Eine Mutter versucht mit

> *It's broccoli*

ihr Kind zum Essen zu überreden, was mißlingt. Das Kind:

> *I say it's spinach, and I say the hell with it!*

Tripe – Kutteln – verschlungen und etwas glitschig; außerdem im Urzustand »full of shit« (s. *Shit*).

Vanilla – als Ausruf ähnlich wie »Applesauce!«.

Plain vanilla – bezeichnet bei Personen und Dingen Einfachheit und Schnörkellosigkeit; meist freundlich gemeint:

> *After all that concentrated applesauce from Mr. A., the speech of Mr. B., a plain vanilla peanut farmer from Georgia, was quite refreshing.*

Es kann aber auch ein bißchen herablassend klingen:

> *Don't expect too much, he's just a plain vanilla peanut farmer from Georgia.*

Banana

Ihrer Form wegen ist diese Frucht als Penissynonym (s. *Cock*) hervorragend geeignet. Zu der Bedeutung »Unsinn« oder auch »verrückte Person« könnte es z.b. durch die physische und stabreimende Nähe zu »balls« gekommen sein, außerdem werden Personen, die in irgendeiner Weise »nicht ganz dicht« sind, oft mit Penissynonymen bezeichnet (s. *Cock*, s. *Nut*).

Anwendungsbeispiele

Banana – Der Singular bedeutet »verrückte Person« oder »Penis«. In einem Satz wie
> *Don't talk to him, he's a banana!*

ist die Person (Der spinnt total!) bezeichnet, während
> *A. had his banana pealed*

ganz eindeutig nicht die Frucht meint. Das war schon in Schlagern zu Anfang des Jahrhunderts der Fall. Einer davon hat in jüngerer Zeit vor allem im Vereinigten Königreich wieder einen gewissen Bekanntheitsgrad erlangt; er beginnt mit dem Reim
> *I had a banana / with Lady Diana.*

Bananas – bedeutet als Ausruf etwa »Ach Quatsch!« oder »Sonst noch was!«, *to go bananas* ist dagegen viel stärker und bezeichnet kompletten Irrsinn oder totales Ausrasten vor Begeisterung:
> *When the superstar finally showed up even poised conservative ladies in the waiting crowd went bananas.*

oder Wut:
> *Finding his car wrecked beyond recognition, he went bananas.*

Falls die Begeisterung oder Wut noch heftiger jedes Maß überschreitet, ist das passende Wort *Whamfartbananas!*

Bananasville – ist ein Ort, dessen gesamte Einwohnerschaft »have gone bananas«.

Banana-cake – ein Mensch, der nicht ganz dicht ist, was sich vor allem in lautem und unflätigem Benehmen äußert. Ein *fruitcake* ist zwar auch nicht ganz dicht, kann dabei aber ganz still und bescheiden sein (s. auch *Nut*).

Banana-head – Bananen sind ziemlich weich; ein »banana-head« ist ein besonders dämlicher Zeitgenosse (s. *Moron, Brains and heads of all sorts*).

Synonyme

Für die Bedeutung »Penis« s. *Cock*, für »Unsinn« oder »Wahnsinn« s. *Balls, Baloney, Brains and heads of all sorts, Nut*.

Birds

Am Wort selbst liegt es nicht, wenn »bird« oder Namen von Vogelarten, bezogen auf Menschen oder Menschliches, immer etwas zumindest Ehrenrühriges bedeuten – wenigstens nicht im Englischen. Im Deutschen ist das insofern anders, als da die volksetymologische Eselsbrücke in der dritten Person plural vom »Vogel« zum Verbum »vögeln« führt, wie in dem Kalauer: »A. ist gut zu V/vögeln«. Hier hat ein sprachgeschichtlicher Zufall die Vögel mit den Iterativformen von »fegen« und »fügen« – also »fegeln« und »fügeln« – zusammengespannt, beides alte, weitverbreitete und plastisch beschreibende Hüllwörter für das Agieren beim Geschlechtsverkehr (»ficken« ist ebenfalls nur ein weiteres Hüllwort – s. *Fuck*). Das englische »bird« dagegen bedeutet nach den ältesten Quellen des »Oxford English Dictionary« »Küken« oder einfach »Junges« – z.B. ein Wolfsjunges wie in einer Quelle von 1427, wo es heißt:

The Woolfe and Woolfe-birdes suld be slain

Der Wolf und [die] Wolfsjungen müssen getötet werden

oder »Kind« bzw. »junger Mensch«; selbst der kleine Herr Jesus wird in altenglischen Quellen als »bird« bezeichnet, ebenso seine junge und jungfräuliche Mutter – »Mary that blisful bird« –, und die »Kinder Belials«, die Feinde der Christenheit, sind die »birds of Beliall« in einem schottischen Gedicht aus dem 16. Jahrhundert.

Tatsächlich stehen die Vögel seit altersher und weltweit mit Fruchtbarkeit und Sexualität in Zusammenhang. Für ihre offenbar weit in vorgeschichtliche Zeit zurückgehende Verbindung mit dem großen Schöpfungs- bzw. Fruchtbarkeitsthema und seinen Stationen Zeugung, Geburt, Wachstum, Hochzeit und Tod gibt es eine ganze Reihe einander ergänzender Erklärungen. So sind besonders Wasservögel, anders als Menschen und fast alle anderen Tiere, in allen »Elementen« heimisch, in der Luft, im Wasser und auf dem festen Land. Schöpfergottheiten treten deshalb in vielen Fällen als Wasservögel auf, etwa als die uranfängliche Tauchente, die auf dem Urozean schwimmt und in ihrem Schnabel Schlamm vom Grund heraufbringt, aus dem dann das feste Land wird. Selbst der Schöpfergott der Bibel ist eine Art Vogel, der mit seinen Flügeln den »Wind über der Tiefe« erzeugt. In anderen Geschichten ist das eine Taube, deren Flügelschlag über dem Urmeer den schlangenartigen Nordwind hervorruft, mit dem sie das Weltenei zeugt. Im orphischen Schöpfungsmythos ist es die schwarzflügelige Nyx (Nacht), die das Weltei gebiert, aus dem sie Eros, den ersten der Götter, erbrütet.

Vögel können offenbar schon im vorgeschichtlichen Alteuropa das weibliche wie das männliche Prinzip symbolisieren, können Uterus und Penis bedeuten. Bei den alten Griechen war das Wort für Vogel – ornis – ein gebräuchliches Hüllwort für den Penis. Ehe Zeus sich in den phallischen Stier verwandelt, um die Königstochter Europa von Kleinasien nach Kreta zu entführen, hat er sich lange vorher schon bei seiner Gattin Hera als zerzauster, regennasser Kuckuck eingeschlichen, und Leda verführt er als Schwan. Sperlinge, die Begleiter der großen Göttinnen Aphrodite und Venus, galten als hemmungslos promisk und geradezu als geflügelte Penisse, ähnlich auch der wie ein Mäuschen (altes Penissymbol) durchs Gebüsch schlüpfende Zaunkönig, der wieder dem Zeus zugeordnet war. Ein Motiv auf Münzen aus dem kretischen Gortyn ist die sogenannte »Europa im Baum mit Adler«; zu sehen ist eine weibliche Gestalt, in der Gabelung eines Baums sitzend, in ihrem Schoß zwischen ihren geöffneten Schenkeln ein Vogel mit weit ausgebreiteten Flügeln. Auf der Rückseite ist ein Stier abgebildet.

Tauben scheinen eher Uterus-Vögel gewesen zu sein; sie sind der vorderasiatischen Himmelskönigin (u.a. Ishtar, Aphrodite) heilig und auch auf Marienbildern fast immer zu finden. Plinius berichtet in seiner »Naturgeschichte« von einem verbreiteten Volksglauben, dem gemäß Tauben und Raben sowohl durch den Schnabel (Mund) beim »Küssen« empfangen als auch gebären; Schwangere sollten deshalb zur Vermeidung einer Geburt durch den Mund keine Rabeneier essen, und obwohl er das für »Altweibergeschichten« hält, rät er Schwangeren doch zur Vorsicht bei Rabeneiern. Uterusvögel, die die Kinder bringen, sind die meisten Sumpf- und Wasservögel wie die Gans im alten Ägypten oder der Storch bei uns. Reiher, Kraniche und Enten symbolisieren fast überall in Fernost Fruchtbarkeit und Zeugung. Auf fast allen älteren erotischen Darstellungen aus China oder Japan sind deshalb auch solche Vögel abgebildet.

Wie alles, was nur von fern mit Sexualität zu tun hat, gerieten die Vögel und besonders der Hahn (s. *Cock*) ähnlich wie der Esel (s. *Ass*) und der Stier (s. *Bullshit*) in schlechten Ruf, zumal sich auch immer stärker die Ansicht durchsetzte, Vögel seien dumm. Aristophanes kann deshalb den Athenern mit seiner Komödie »Die Vögel« einen Spiegel ihrer eigenen Dummheit, Feigheit, Verfressenheit und Geilheit vorhalten. Sex, sofern nicht durch strengste Vorschriften reglementiert, nicht rein ehelich und nicht ausschließlich auf Reproduktion bedacht, und Dummheit galten den griechischen und römischen Philosophen wie den jüdischen Gelehrten als ein und dasselbe. Moralinsaure Leib- und Lustfeindlichkeit hat die Christenheit aus bereits lange bestehenden Traditionen lediglich übernommen.

Anwendungsbeispiele

Am ursprünglichsten ist die alte Vogel-Bedeutung noch in einer sehr alten, neuerdings von Amerika aus wieder nahezu weltweit verbreiteten Geste enthalten: der Faust mit dem steif daraus hervorstehenden Mittelfinger – der steife Schwanz samt den Eiern –, ein Zeichen, das ursprünglich auch allerstärkstes Unheil, wie etwa den »Bösen Blick«, zu bannen vermochte, und selbst hochgradig aggressiv. In Amerika heißt diese Geste »bird«. Eine unerfreulich endende Begegnung mit einem Vielschwätzer könnte etwa folgendermaßen verlaufen:

> *Well, he was talking my head off, and when I told him in no uncertain terms to cut the bull, this guy gives me the bird, so I gave him the bum's rush.*

(Naja, er laberte mich voll, und als ich ihm unmißverständlich sagte, er soll mit dem Quatsch aufhören, zeigt mir dieser Kerl doch »the bird«, also hab ich ihn rausgeworfen.)
Eine abschwächende, inzwischen aber meist statt des Originals benutzte Variante zu »... gave me the bird« ist »... gave me the finger«.

Im Theater oder bei anderen Bühnenereignissen kann

> *The audience was giving him the bird*

auch heißen, daß das Publikum den Betreffenden ausbuht oder auszischt.

Außerd0em ist »bird« eins der unendlich vielen Penis-Hüllwörter:

> *Go zip your fly – your bird is showing!*

ist, wörtlich genommen, ein nicht sehr diskreter Hinweis an jemanden, der vergessen hat, seinen Hosenschlitz zu schließen; in übertragener Bedeutung heißt es etwa soviel wie: »Hör endlich auf, dich wie ein Idiot zu benehmen!«

Die alte und neutrale Bezeichnung »bird« für Kinder und Jugendliche hat schon früh eine abwertende Nebenbedeutung bekommen, so daß vor allem zunächst noch Jugendliche, dann aber überhaupt Menschen mit moralisch bedenklichem Lebenswandel oder von abweichendem Verhalten so bezeichnet wurden.

He's a bird of many feathers – ist z.B. eine Äußerung über einen schamlosen Opportunisten.

Jailbird oder **Yardbird** – sind Bezeichnungen für einen Knacki, wobei »jailbird«, ähnlich wie »Galgenvogel« im Deutschen, bereits sehr alter Wortgebrauch ist.

He done birdtime – ist Slang für »Er war im Knast«.

Ausgewählte Vögel

Bei den meisten der hier genannten Vogelnamen für Menschen steht die Assoziation von Dummheit oder Impertinenz im Vordergrund, beides ist aber, zumindest unterschwellig, immer auch mit Sex verbunden (s. z.B. unter *Cock* oder unter *Brains*...). Der fast vollständig mit Sex assoziierte »cock« bekommt einen eigenen Artikel.

Boob oder **Booby** – Tölpel, eine mit den Pelikanen verwandte Vogelgattung (wissenschaftlich: Sula) mit neun Arten, alles Meeresvögel, ausgezeichnete Flieger mit langen, spitzen Flügeln und keilförmigem Schwanz. Am bekanntesten sind die Baßtölpel (Sula bassana); sie werden ungefähr so groß wie eine Gans. Beim »boob« wie beim »Tölpel« ist die Bedeutung »dummer, ungeschickter Mensch« die ursprüngliche. Das englische Wort ist wahrscheinlich vom Spanischen »bobo« – Dummkopf – abgeleitet. Die Vögel wurden so genannt, weil sie am Boden und auf zwei Beinen so ungeschickt und unbehilflich wirken.

Boob-tube – ist eine der vielen Bezeichnungen für TV-Gerät und gleichbedeutend mit »idiot-box«.

Boobs (aber fast nie *Boobies*) – Die Mehrzal hat in den allermeisten Fällen nicht das geringste mit Tölpeln zu tun, sondern bezeichnet die möglichst voluminösen weiblichen Brüste; das entsprechende deutsche Slangwort wäre »Möpse«.

Buzzard – Bussard – eine ziemlich abwertende Bezeichnung, meist für ältere Männer, deshalb oft auch »old buzzard«; in besseren Kreisen wird »buzzard« auch als Hüllwort für »bastard« oder »old bastard« benutzt. Bussarde gelten als hinterhältig und schmuddelig.

In besseren britischen Kreisen bedeutete die Redewendung

between buzzard and hawk,

bezogen auf einen Menschen, daß er oder sie zwar gesellschaftlich nicht völlig unmöglich, also »buzzard«, aber eben auch nicht ganz »hawk« war, also »zu uns« gehörte:

Mr./Miss A. is just between buzzard and hawk

aus dem Mund eines Mitglieds der *british upper class* bedeutete, daß man Mister bzw. Miss A. zwar beispielsweise zu einem Geschäftsessen, niemals aber zu einem informellen Dinner nach Hause einladen würde.

Blind Buzzard – ein »blinder Bussard« – ist nicht nur hinterhältig und schmuddelig, sondern außerdem noch abgrundtief dumm.

Canary – Kanarienvogel – auf Frauen bezogen, handelt es sich um eine der vielen abfälligen Bezeichnungen mit der Bedeutung Nutte. Ursprünglich bezeichnete es ganz allgemein die Insassen von Gefängnissen, da ja auch die Kanarienvögel in Käfigen hinter Gittern gehalten wurden.

Chicken oder **Chick** – Huhn oder Küken – bezeichnet je nach Kontext eine junge, unerfahrene, auch etwas desorientiert wirkende Person, dabei kann es sich um ein Mädchen oder eine junge Frau handeln, besonders wenn sie attraktiv ist, einen Feigling oder einen jungen Schwulen. In allen Fällen sind es Personen, die von dem, der sie so nennt, für unerfahren, schwach, für leichte Beute gehalten werden.

Die Vorstellung, Hühner seien besonders dumm (was ja gar nicht stimmt), kommt in Bezeichnungen wie

Chickenbrain oder *Chickenhead*

für wirklich sehr dämliche Zeitgenossen zum Ausdruck (s. *Brains and heads of all sorts*).

Chicken feed – Hühnerfutter – ist Kleingeld oder überhaupt mickrige Bezahlung!

A. is working his ass off for chicken feed

bedeutet, daß A. wie verrückt schuftet und so gut wie nichts damit verdient.

Chickenshit – bezeichnet alles Engherzige, Kleinliche, Sinnlose, Lästige, Korinthenkackerische, besonders beim Militär:

> *He joined the Army to see the world, but in the end he was transferred to a chickenshit outfit in Bumfuck, Egypt*

beschreibt die Situation eines Menschen, der auf die Werbung des Verteidigungsministeriums hereingefallen ist, gemäß der man als Soldat die ganze Welt sieht, der dann aber zu einer Einheit am Arsch der Welt versetzt wurde, bei der die Vorgesetzten in der schikanösesten Weise auf die Einhaltung der Vorschriften achten, sonst aber nichts im Kopf haben.

Coot – das Bleßhuhn – gilt im Amerikanischen, vielleicht weil es sich selbst im Wasser so sonderbar ruckartig (wie ein »Jerk«, s. unter *Weirdo*) bewegt und auch nicht besonders gut fliegt, als exemplarisch verrückt:

> *Crazy / silly / stupid as a coot*

sind stehende Redewendungen.

Crow – Krähe – meist eine Bezeichnung für häßliche, unbeliebte, nicht unbedingt ältere Frauen; früher auch, nach Äsops Fabel vom Raben (im Englischen Krähe – das griechische Original kann so oder so übersetzt werden) und dem Fuchs, ein Schimpfwort für ebenso dumme wie eitle Emporkömmlinge. In diesem Sinn beschimpft der bereits etablierte Dichter Robert Green 1592 in »A Groatsworth of Wit« den so unangenehm erfolgreichen Schauspieler und Dichterkollegen William Shakespeare:

> *... there is an upstart Crow, beautified with our feathers...*

Also: ... es gibt da diesen Emporkömmling, der sich mit unseren Federn schmückt...

Crow oder *Jim Crow* war bis in die 60er Jahre vor allem in den Südstaaten der USA eine oft gar nicht einmal unfreundlich gemeinte Bezeichnung für Schwarze (z.B. in Harriet Beecher Stowes »Onkel Toms Hütte«) nach dem schwarzen Helden einer Anfang des 19. Jahrhunderts geschriebenen »ballad« von Thomas Rice.

Cuckoo – jemand, der nicht ganz richtig im Kopf ist, der spinnt. So soll die formidable Margaret Thatcher auf die Kritik eines bedeutenden britischen Kirchenmannes (des Bischofs von Durham) an der ja nun wirklich extrem unsozialen Politik ihrer Regierung folgendermaßen reagiert haben:

> *After all, it wouldn't be spring, would it, without the voice of the occasional cuckoo.*

(Schließlich wäre es ja kein richtiger Frühling, wenn nicht gelegentlich ein Kuckuck schrie.) So steht es undementiert unter anderem in der New York Times vom 5.9.1985. Diese Bedeutung von »Kuckuck« ist sehr alt. So lauten etwa die ersten Worte des wirr durcheinanderwuselnden Vogelchors in den »Vögeln« des Aristophanes »wo, wo, wer, wer, was, was...«, was wie »pupu, pupu, pupu« bzw. im ionischen Dialekt wie »kuku, kuku, kuku« klingt, und die Stadt der Vögel, von der aus sie Menschen und Götter beherrschen wollen, soll »Nephelokokkygia« – Wolkenkuckucksheim – heißen.

Ebenso alt dürfte auch die Anspielung auf illegitimen Sex beim »Kuckuck« sein; so ist z.B. das englische Wort »Cuckold« für den betrogenen Ehemann unmittelbar von »Cuckoo« abgeleitet. Der Kuckucksruf kann deshalb in den Ohren eines braven Ehemanns selbst im schönsten Frühjahr nicht immer unbedingt erfreulich klingen. Und so laufen in Shakespeares Komödie »Love's Labours Lost« bei dem abschließenden »dialogue« des Pfarrers und des Schulmeisters zum Preis der Eule, die den Winter, und des Kuckucks, der den Frühling darstellt, alle Kuckucksstrophen auf folgenden Refrain hinaus:

> The cuckoo then, on every tree,
> Mocks married men; for thus sings he,
> Cuckoo;
> Cuckoo, cuckoo: O word of fear,
> Unpleasing to a married ear!

Einigermaßen wörtlich:

> Der Kuckuck dann, auf jedem Baum,
> Verspottet die Ehemänner; denn er singt so,
> Kuckuck;
> Kuckuck, Kuckuck: O Fürchtewort,
> Unangenehm einem ehelichen Ohr!

Dodo – eine Art Riesentaube, größer als ein Schwan, sehr dick und plump, flugunfähig und auch nicht besonders gut zu Fuß; die Portugiesen, die sie 1507 auf Mauritius entdeckten, wo die Dodos ohne natürliche Feinde gediehen, nannten diese Vögel »Dummkopf«, portugiesisch »doudo«, weil sie sich ohne Gegenwehr und ohne auch nur einen Fluchtversuch zu machen einfach umbringen ließen. Der letzte Dodo wurde 1681 erschlagen. Auf Menschen bezogen, z.B. in

> He is dumb as a dodo,

signalisiert das Wort abgrundtiefe Dummheit und unfaßbare Rückständig-keit. Wenn die Auskunft über ein Projekt lautet:

Forget it – it is dead as a dodo,

dann ist jeder Wiederbelebungsversuch wirklich nur Zeit- und Energiever-schwendung.

Duck – Ente – Je nach Kontext kann »duck«, »ducks« oder »duckie« durchaus als ein zwar etwas rauhes, aber dennoch nettes Kosewort ge-braucht werden, vor allem unter Älteren oder von Älteren gegenüber Kin-dern. Meistens – und als Verbum durchweg – hat »duck« jedoch eher einen verächtlichen Klang. Über einen »typischen« Politiker, der viel daherredet, aber einfachen Fragen ausweicht, könnte es z.B. heißen:

He is gassing about all the time, but he's ducking whatever plain question you may put to him.

Dead duck – ist jemand, der mit Sicherheit nie Erfolg haben wird; was er auch tut, es geht schief;

Duck's disease – Entenkrankheit – sagt man Personen nach, deren untere Extremitäten nicht ausgesprochen lang geraten sind, z.B.

She's looking quite nice as long as she's sitting down, but when she stands up and walks, you realise that there's a case of duck's disease.

Was bedeutet, daß die Dame besonders vorteilhaft im Sitzen wirkt, gehend oder stehend dagegen eher etwas verkürzt;

Duck soup – bezogen auf Situationen oder Aufgaben, bedeutet »kinder-leicht« oder »nicht der Rede wert«. Wer einen Gegner als »duck soup« be-zeichnet, sagt damit: »Den schaff' ich mit links und im Sitzen«;

Fuck-a-duck! – kann je nach Kontext eine besonders rüde Aufforderung sein zu verschwinden, ein Ausruf der Frustration, wenn irgendetwas nicht klappt, oder ein Ausruf höchster Verwunderung (s. auch unter *Fuck*);

Lame duck – ist in Amerika ein Amtsinhaber, der nichts mehr bewegen kann, weil seine Amtszeit in absehbarer Frist endgültig ausläuft und er nicht wiedergewählt werden kann;

Sitting duck – ist ein Mensch, der durch sein ungeschicktes oder allzu ver-trauensseliges Verhalten geradezu dazu herausfordert, ihn auszunutzen oder zu betrügen, oder der sich durch eigenes oder fremdes Verschulden in eine ausweglose Situation gebracht hat.

Goose – Gans – bezeichnet eine sehr dumme und schwatzhafte, alberne Person beiderlei Geschlechts: die stehende Redewendung ist

Silly goose!
Aus grauer Vorzeit hat sich eine besonders starke sexuelle Komponente erhalten. So bedeutete das Wort zur Zeit Heinrichs VIII. »Prostituierte«, aber auch »Geschlechtskrankheit« und die damit einhergehende Schwellung der Lymphdrüsen. In London sprach man von »Winchester geese« – Winchestergänsen –, denn hier hatten die Bischöfe von Winchester in der Nähe ihres Palastes eine Reihe von Bordellen eingerichtet.

Gull – Möwe – ein sehr dummer, verführbarer, auf jeden »bullshit« hereinfallender Mensch;

very gullible – sehr leichtgläubig.

Jay – Eichelhäher – Er gilt, anders als bei uns, als geschwätzig und leichtgläubig: ein Hinterwäldler, der sich leicht aufs Kreuz legen läßt.

Loon – der (Hauben-)Taucher – eine total verrückte Person, nicht recht bei Sinnen:

crazy as a loon

oder total besoffen

drunk as a loon;

daneben aber auch »nicht ganz bei Trost« im Sinn von »dämlich« oder »sehr ungeschickt und dumm«. – In diesem Sinn beschimpft jedenfalls bei Shakespeare Macbeth einen seiner Diener:

The Devil damn thee black, thou creamfaced loon!

Möglicherweise geht das alles letztlich auf den Mond – Luna – zurück, der wie der Taucher zur Elementarsphäre des Wassers gehört. Dann könnte der »loon« seinen Namen von seinem cremeweißen, also mondähnlichen »Gesicht« haben, und weil er sich außerhalb des Wassers nur ungeschickt bewegt, wäre die Verbindung von »loon« zu »tölpelhaft« entstanden. Andererseits könnte aber auch sein geisterhaftes Verschwinden unter die Wasseroberfläche und sein lauter, unheimlich klingender Schrei die Verbindung zum Wahnsinn hergestellt haben, mit dem die Mondsüchtigen geschlagen sind.

Loony – bedeutet eigentlich immer »geisteskrank« oder »durchgedreht«; so entspricht dem *Loony doctor* der deutsche Irrenarzt und dem *Loony bin* – wörtlich »verrückter Kasten« – die deutsche Klapsmühle.

Ostrich – der Vogel Strauß – wie im Deutschen eine sehr dumme Person, die vor offensichtlichen Gefahren »den Kopf in den Sand steckt«.

Parrot – Papagei – dumm, geschwätzig, dabei ohne die Möglichkeit zu einer eigenen Meinung.

Peacock – Pfau – wie im Deutschen: ebenso dumm wie eitel.

Pigeon – Taube – Das Wort bezeichnete ursprünglich einen noch nicht flüggen Vogel oder ein Küken; auf Personen bezogen, bedeutet es je nach Kontext eine junge, sehr unerfahrene Frau, einen leicht zu betrügenden Menschen, besonders als Opfer eines Zockers, oder einen Polizeispitzel, einen »fink«; im Gegensatz zu »dove« – Taube und auf »love« reimend – hat es immer eine abwertende Nebenbedeutung.

Dove – auf Personen bezogen, gehört zum politischen Vokabular und steht dort im Gegensatz zu »hawk« (Habicht – im Deutschen entsprechend Taube und Falke).

Quail – Wachtel – ein kleiner und sehr gutschmeckender Vogel; früher, z.B. in Chaucers »Canterbury Tales«, eine Bezeichnung für ängstliche, schreckhafte Menschen beiderlei Geschlechts; heutzutage im Macho-talk meist eine junge und attraktive Frau, gelegentlich auch eine Nutte; bis in die 60er Jahre gab es noch als Besonderheit die

San Quentin Quail – ein ganz besonders attraktives Geschöpf mit provozierendem Verhalten – jedenfalls in den Augen des verklemmten Machos –, aber noch minderjährig; wer sich mit einer solchen »quail« einließ, befand sich bereits mit einem Fuß in San Quentin, dem berüchtigten Knast im Staat New York.

Rook – Saatkrähe – ein Schwindler und hinterhältiger Betrüger, dabei dreckig und frech;

Rookie – ist ein neutral oder sogar eher freundlich klingendes Wort für Anfänger oder Neuling und hat nicht das geringste mit Krähen zu tun, sondern ist eine Verballhornung von »recruit« – Rekrut.

Turkey – Truthahn – Seinen Namen mit der Bedeutung »der Türkische« haben ihm, dem amerikanischen Ureinwohner, die Europäer angehängt, die ihn mit dem aus Persien eingeführten Perlhuhn in einen Topf warfen. John James Audubon beschreibt ihn in seinem Lebenswerk, dem vielbändigen »Birds of America«, als »sehr vorsichtig und klug« (wary and cunning); das hat ihm beim Volk nichts genützt, da gilt er vielmehr als exemplarisch dumm, begriffsstutzig und kinderleicht zu fangen – nahezu alle Vorurteile über Vögel sind auf seinen breiten Rücken gepackt. Ein »turkey« ist demnach:

> Eine total unfähige Person, macht alles falsch und stolpert ständig über die eigenen Füße;

ein Feigling, dabei aber auch ein großsprecherischer Angeber, der seine Umgebung mit seinem »gobbledygook« nervt;

etwas, das sich als totaler Mißerfolg oder großer Fehler herausstellt. In der Drogenszene ist »a turkey« eine Kapsel oder ein anderes Behältnis, das statt der Droge irgendetwas anderes (Traubenzucker, Gips, Mehl) oder auch gar nichts enthält;

to go cold turkey – bedeutet, völlig unvorbereitet mit einer Sache zu beginnen, speziell mit dem (meist unfreiwilligen) Drogenentzug;

turkey shooting – bezeichnet eine geradezu lächerlich einfache Aufgabe, die sozusagen mit links und ohne richtig hinzusehen erledigt wird; dabei kann es sich sehr wohl auch ums Schießen handeln, so z.B. bei dem amerikanischen Golfkrieger, der einem CNN-Reporter erzählt, wie er und die anderen tapferen Jungs aus sicherer Entfernung mit Bomben, Granaten, Raketen und anderem Schießzeug auf die deckungslos, weitgehend waffenlos, jedenfalls völlig hilflos und panisch fliehenden irakischen Soldaten einballerten; seine Eindrücke faßt er in dem Satz zusammen:

It was like shooting turkey.

Brains and heads of all sorts

Form und Funktionsweise des Gehirns sowie Inhalt, Form und Material des Kopfes sind traditionell beliebte Themen beim Beleidigen, wenn der Beleidigte für absolut dumm erklärt werden soll (s. auch *Moron*).

Anwendungsbeispiele

Zur mangelnden Hirngröße gibt es eine Unzahl von Beleidigungsvarianten etwa nach dem Muster
> *Your brain is so small that you could stick it up an ant's ass, and it would slip out!,*

wobei die Wendungen »stick it up [your ass]« und »having one's head up one's ass« (s. *Ass*) hier auf den »ass« einer Ameise angewandt werden. Abwesenheit jeglichen intellektuellen Vermögens unterstellt auch, wer seinem Gegenüber zu verstehen gibt, daß er dessen Kopf gar nicht als Kopf zu erkennen vermag, indem er z.B. fragt:
> *Tell me, what do you call this swollen thing between your ears?,*

wobei mit »swollen« zugleich auch auf »prick« oder »cock« angespielt wird, den ebenso dummen wie eitlen Typen (s. *Cock*).

Ein womöglich noch weiteres Feld sind die Zusammensetzungen mit »brain« bzw. »head«; oft sind beide Wörter austauschbar. Hier eine kleine Auswahl in den jeweils gebräuchlicheren Formen:

Acidhead – unterstellt dem Beleidigten, daß er seinen Verstand auf einem LSD-Trip irgendwo hat liegenlassen;

Crackhead oder *-brain* – unterstellt Gleiches durch Crackrauchen, außerdem totale gesellschaftliche Minderwertigkeit: Wer Crack raucht, gehört zum Abschaum. Nicht zu verwechseln mit dem völlig verrückten »crackpot« (s. *Nut*);

Pothead – unterstellt Verstandesverlust durch Cannabis, was sich hauptsächlich in Hedonismus äußert.

Addlehead oder **-brain** – besagt, daß dort ein wirres Durcheinander herrscht: So wird »addle« im modernen Englisch allgemein gebraucht; die ursprüngliche Bedeutung aber ist »Jauche«, in süddeutschen Dialekten »Odl«. Diese ältere Bedeutung hat sich auch im Englischen noch in der Bezeichnung »addled egg« für »faules Ei« erhalten. Der Beleidiger unterstellt seinem Opfer also nicht nur wirres Durcheinander, sondern auch Jauche im Hirn. Synonyme hierzu sind *Stinkbrain* oder *Shithead.*

Airhead – statt eines Gehirns nichts als Luft. Ähnlich

Bubblehead – gasblasenförmiger Inhalt.

Amoebabrain – Das Gehirn ist ohne feste Form und besteht nur aus einer Zelle. Kleiner geht es kaum noch.

Applehead – Früchte und Gemüse als Bezeichnung von Personen bedeuten im englischen Sprachgebrauch vollständige Hirnlosigkeit (s. *Moron*, s. *Nut*). Mit »applehead« wird außerdem andedeutet, daß der Beleidigte ein Tölpel vom Land ist, wo die »appleknocker« wohnen, die die Äpfel nicht pflücken, sondern vom Baum schlagen.

Bananahead – s. *Banana;*

Beanhead – sehr klein, außerdem bewirken Bohnen starke Gasentwicklung (s. »gas« unter *Baloney*);

Cabbagehead – lauter Hüllblätter, kein Inhalt; die Blätter fördern aber wie die Bohnen die innere Gasentwicklung;

Nutbrain oder *-head* – sehr klein, außerdem eine starke Komponente von Verrücktheit (s. *Nut*);

Pea-brained oder *peahead* – Erbsen sind noch erheblich kleiner als Bohnen;

Peanuthead – Erdnüsse sind nicht nur sehr klein, sondern auch noch sehr billig;

Pumpkin(-head) – Kürbisköpfe sind zwar sehr groß, aber innen ziemlich hohl. Ein »pumpkin« ist selbstgefällig und aufgeblasen, dabei unsäglich dumm.

Beetlebrain – Das Wort »beetle« kann als Substantiv sowohl »Ramme« als auch »Käfer« bedeuten, als Verb »stoßen«, »feststampfen« oder »zerstampfen« und als Adjektiv »überhängen« oder »hervorragen«. Diese letztgenannte Bedeutung hat das Wort z.B. in einem Satz, der das hervorstechendste Merkmal eines deutschen Finanzministers nennt:

He is a beetle-browed fellow.

Buschige Augenbrauen bedeuten in englischen Redewendungen zugleich aber auch mürrische Stimmung und Verdrießlichkeit:

Why are you looking so terribly beetle-browed?

Alle diese Nuancen stecken in »beetlebrain«:

A. is the ultimative beetlebrain

bescheinigt A. neben abgrundtiefer Dummheit (Hirn wie ein Käfer) noch Trampeligkeit (ähnlich wie ein »blockhead«) und die Verbreitung mieser Stimmung.

Birdbrain – Ein Vogel hat gewöhlich wenig Hirn, und im Englischen sind viele Vogelnamen Synonyme für »dumm« (s. *Birds*, s. *Moron*) oder »verrückt« (s. *Nut*); das Synonym *Chickenbrain* ist etwas deftiger, Hühner gelten als besonders dumm.

Blockhead – massives Holz, kein Hirn vorhanden; *Loggerhead* – ist die direkte Variante; beim *Rockhead* – handelt es sich um massives Gestein; *Thickheads* – sind beide. Alles in allem: kein (oder sehr kleines) Hirn, aber gaaanz viel Bizeps.

Bonehead – knochenhart, nicht nur sehr dumm, sondern auch noch starrsinnig. Ähnlich *Pighead*.

Bullhead – dumm und von aufdringlicher Hartnäckigkeit.

Butthead – ein Kopf wie ein großes Faß, viel Leerraum, dazu ein dickes Ende und kaum vom Arsch zu unterscheiden (s. oben »butt« unter *Ass*); direkte Variante ist *Buckethead*.

Cheesehead – Käse ist weich und hat ein kräftiges Aroma (s. »addlehead«).

cork-headed – mangels Inhalt leicht wie ein Kork, also auch *empty-Headed* – ähnlich *Featherbrain* bzw. *Featherhead*.

Fleabrain – Flohhirn – bedeutet sehr wenig Hirn, was sich bei dem Betreffenden vor allem in großer Sprunghaftigkeit zeigt.

Fiddlebrain oder **-head** – hohl wie eine Fiedel, dabei ständig und konfus in Aktion, »fiddling about«.

Flathead – kein Platz unter der Hirnschale, höhere Hirnfunktionen nicht vorhanden, »Neandertaler« (womit den Neandertalern bekanntlich großes Unrecht getan wird).

Fuckhead – unterstellt Hirnschwund durch fortgesetzte und intensive Kopulation. Die gleiche Bedeutung haben Wörter, bei denen ein Penissynonym – es gibt unzählige – mit »-head« gekoppelt wird, wie z.B. »dickhead« (s. auch »puddinghead«).

Giddyhead bzw. **-brain** – dumm aus Gedankenlosigkeit oder Wurschtigkeit.

Harebrain – dumm wie ein Hase, also mit einer gehörigen Portion Verrücktheit.

Jarhead – groß wie ein Steintopf und genauso leer; erlaubt auch die Assoziation mit »to jar« – knarren oder quietschen – , also etwa »Hirn ist wartungsbedürftig«.

Jughead – leer wie ein »jarhead«, aber kleiner.

Meathead – viel Fleisch, sonst nichts.

Mushhead – weich und amorph wie Brei. Ein »mushhead« ist auch »softbrained« oder ein »softhead« oder ein »bananahead« – im Kopf weich und glitschig. Andere Nahrungsmittelsynonyme sind z.B.

Noodle(-head) – das Wort »noodle« bedeutet ursprünglich »Knödel«, ein Nahrungsmittel aus allerlei vermischten Zutaten von eher dichter Konsistenz. Das davon abgeleitete

Spaghetti-head – zielt mehr auf die beim Essen nur schwer zu bändigenden Eigenheiten dieser Nudelart.

Puddinghead – Pudding ist weich wie »mush«; dabei ist zu bedenken, daß es sich, anders als im Deutschen, in der Regel nicht um eine Süßspeise, sondern ein Fleischgericht z.B. aus gehackten und gemischten Innereien handelt. Da »pudding« andererseits aber auch eins der unzähligen Synonyme für Penis ist (s. *Cock*), kann »puddinghead« – für den, der es weiß – z.B. »fuckhead« ersetzen.

Pinhead und **Tackhead** – intellektuell dünn wie die Spitze einer Nadel bzw. Reißzwecke.

Shithead – einerseits ähnlich wie »addlehead«: statt Hirn nur Scheiße; andererseits Unterstellung von Hirnschwund durch Haschischkonsum wie bei »pothead« (s.o. »acidhead«).

Synomyme

Schonende Umschreibungen (Euphemismen) und andere Synonyme für »nicht ganz dicht« im Sinn von »dumm« stehen unter *Bird* und *Moron*, die für »verrückt« unter *Nut*.

Broad

Das Wort taucht als unfreundliche, machohafte Bezeichnung für eine Frau erst zu Beginn des 20. Jahrhunderts in Amerika auf. Über seine Herkunft ist nichts sicher bekannt. Eigentlich gibt es »broad« im Englischen nur als Adjektiv, das z.B. »umfangreich«, »ausgedehnt« oder »breit« bedeutet. Von hier aus könnte über die in der englischen Sprache vorhandene Assoziationsbrücke von Schiffen zu Frauen und über »broad-beamed« (s. oben unter *Ass*) »broad« als Bezeichnung für eine entsprechend gebaute Frau gebildet worden sein. Das ist jedenfalls eine der Erklärungen, die in amerikanischen Slangwörterbüchern versucht wird. Wahrscheinlicher ist aber wohl die Herkunft aus der deutschen Gauner- und Milieusprache, in der »Braut« ein Euphemismus für »Nutte« war oder für eine Frau, die unehelich mit einem Mann zusammenlebte. Für englische Ohren klingt »Braut« außerdem sehr nach einer Mischung aus »bride« (Braut) und »bawd«, der Bezeichnung für eine Puffmutter. Jedenfalls wurde das Wort in den prüderen Jahrzehnten des Jahrhunderts derart stark tabuisiert, daß die Leichtathletik-Disziplin Weitsprung in den englischsprachigen Ländern ganz offiziell von »broad jump« in »long jump« umbenannt wurde, womit auch einem populären und unübersetzbaren Kalauer

> [Frage:] *Can you do the broad jump?* – [Antwort:] *You show me the broad, I'll make her jump!*
> Ungefähr: Kannst du Weitsprung / die »broad« zum Springen bringen? – Zeig mir die »broad«, ich bring sie schon dazu!

der sprachliche Boden entzogen wurde. Inzwischen gilt das Wort zwar noch als ziemlich rauher Slang, kann aber auch durchaus kameradschaftlich verwendet werden, auch von Frau zu Frau.

Verwandte Wörter

Direkte Synonyme zu »broad« gibt es nicht, dafür aber eine ganze Reihe von meist verächtlich klingenden Machoworten zur Bezeichnung von Frauen, fast immer mit der Nebenbedeutung »Prostituierte« (s. auch unter

Ass, *Birds*, *Bum* und *Cunt*). Frauennamen mit spezieller Bedeutung stehen unter *Moll*.

Bimbo – wahrscheinlich vom italienschen »bambino« (Kind) abgeleitet – jung, dumm, leicht zu haben; die Variante *Bimbette* bringt etwas französischen Flair oder dient zur Unterscheidung in den seltenen Fällen, in denen sich »bimbo« auf einen Mann (jung, dumm, leicht hereinzulegen) bezieht.

Chicken oder **Chick** – s. oben unter *Bird*.

Chippie – jung, leicht zu haben, auch »Amateurnutte«. Die Herkunft ist ungeklärt; möglich wäre eine Ableitung von »cheap« – billig –, aber auch von »chip«: In Mexiko und dem Südwesten der USA waren die »saloons« oft Spielsalon und Puff zugleich, in denen die Mädchen mit Chips bezahlt wurden, die sie anschließend beim Chef einlösen mußten. Die Ableitung vom französischen »chipie« – »Hausdrache« – oder »être chipiée« – verliebt sein (eigentlich: »geklaut sein« von »chiper« – klauen) – erscheint mir ein wenig weit hergeholt.

Jade – eine Frau mit lockerem Lebenswandel – klingt ziemlich altertümlich und versnobt.

Madam – Puffmutter – In dieser Bedeutung ist das Wort niemals Anrede wie z.B. in

> *Beg your pardon, Madam...* – Verzeihn Sie bitte, gnä' Frau...,

sondern steht immer mit einem Artikel (the, a), z.B.

> *The madam makes sure that her girls don't get bothered by some nutty whackoes,*

wenn die »Madam« streng darauf achtet, daß ihre Mädchen nicht von irgendwelchen durchgedrehten Verrückten belästigt werden. Die Variante *Mama-san* – haben die GIs aus dem Koreakrieg mitgebracht.

Pussy – s. unten *Cunt*.

Quail – s. oben *Birds*.

Tart – Das Wort bedeutet unter anderem auch »Obsttorte« und wurde im 19. Jahrhundert in England durchaus als Kosewort gebraucht wie etwa »sweetie pie« oder »honey pie«; daneben hatte es aber auch die Bedeutung »scharf«, »herb« oder »sauer«, in übertragener Bedeutung auch »sarkastisch«, »spitz« oder »scharf«, z.B:

> *A. seemed to be miffed, because she answered tartly...,*

wenn A. eine Bemerkung offenbar gar nicht lustig findet und deshalb ganz

spitz antwortet. Aus beiden Bedeutungen entwickelte sich jedenfalls noch im 19. Jahrhundert »tart« als »Frau mit lockerem Lebenswandel« bzw. »Nutte«; als Verb gibt es »tart« in der Redewendung
to tart up – jemanden oder etwas besonders geschmacklos oder protzig ausstaffieren.
Twat – s. unten *Cunt*.

Bugger

Das Wort stammt vom lateinischen »bulgarus« – Bulgare – und ist über romanische Formen wie französich »bougre« oder italienisch »buggaro« ins Englische gekommen. Als »Bulgaren« wurden allgemein die Albigenser in Südfrankreich bzw. die Katharer in Südfrankreich und Italien bezeichnet, weil ihr Glaube sich an den Lehren des bulgarischen Mönchs und Priesters Bogumil orientierte. Alle Formen der im 10. Jahrhundert entstandenen »bogumilischen Häresie« wurden von der Kirche aufs schärfste und mit allen Mitteln verfolgt, unter anderem auch durch Diffamierung. Die Angehörigen bogumilischer Sekten waren überzeugt davon, daß vor allem alles durch geschlechtliche Verbindung Erzeugte unrein sei. Das Heil konnte nur erwerben, wer nichts in diesem Sinn Unreines aß und sich jeglichen Geschlechtsverkehrs enthielt. Viele Verheiratete unter den Mitgliedern blieben deshalb kinderlos. Das nährte das Gerücht, nicht Enthaltsamkeit sei der Grund für die Kinderlosigkeit, sondern die Männer würden mit ihren Frauen gewohnheitsmäßig nur anal verkehren. Das war unter den übrigen Christenmenschen eine sehr beliebte, althergebrachte und viel praktizierte Methode der Empfängnisverhütung und wurde nach dem glaubhaften Zeugnis des großen Pietro Aretino in Rom ganz besonders von der höheren Geistlichkeit bevorzugt; nichtsdestoweniger war die Methode kirchlicherseits aufs strengste verboten. Wer dieser »widernatürlichen Unzucht« – wohlgemerkt zwischen Mann und Frau – angeklagt wurde, dem drohte die Todesstrafe.

Anwendungsbeispiele

Obwohl das Wort sich ursprünglich auf eine durch und durch heterosexuelle Praktik bezog, war es im Englischen bis in die 30er Jahre eine der stärksten Beleidigungen, mit der einem Mann Homosexualität unterstellt werden konnte – absolut nicht druckreif. Inzwischen ist es ein meist freundschaftlich klingender Allerweltsausdruck geworden und entspricht ungefähr dem deutschen »Kumpel«, z.B.:

Hello old bugger! Long time no see. How ya doin'?,
wenn einem unverhofft ein alter Bekannter über den Weg läuft, oder angesichts der Nachkommenschaft des lieben Besuchs:
They are really nice little buggers, aren't they?,
wobei das Wort ganz nah an »nice little bugs« – süße kleine Käfer – heranrückt.

Als Verb ist »bugger« ein zwar tabuisiertes, aber doch stark abgeschwächtes Synonym für »fuck«, so z. B. in
Bugger off!
Bugger you!
I'll be buggered! – bedeutet ungefähr »Das kann ja wohl nicht wahr sein!« und entspricht in etwa Ausrufen wie »My ass!« oder »Bananas!«
Bugger all – ist eine Variante zu »damn all« und bedeutet »absolut nichts!«. Im absoluten Nichts spielt auch die Geschichte »Unter dem Milchwald« von Dylan Thomas, man muß den Namen des (fiktiven) walisischen Handlungsorts, Llareggub, nur richtig lesen, nämlich von hinten.

Synonyme

Da die Tabu-Bedeutung »homosexueller Mann« verblaßt ist, werden hier auch keine entsprechenden Euphemismen oder Synonyme zu »bugger« aufgeführt.

Bullshit

Das Wort ist eigentlich eine Erweiterung von »bull« mit der Bedeutung »lügenhafter Unsinn«, oft überwiegt dabei die Bedeutung »Lüge«. Mit dem männlichen Rind hat es ursprünglich gar nichts zu tun. Bereits im Mittelenglischen gibt es ein Wort »bul«, das sowohl »Unwahrhaftigkeit« oder »Lüge« als auch »(dummer) Fehler« oder »Mißgriff« bedeuten kann und wahrscheinlich aus dem Jiddischen bzw. dem Aramäischen des Talmuds stammt; dort bedeutet »bobel« (oder »bafel«) »minderwertiges Zeug«. Weil das an sich eher neutrale »bul« akustisch vom »bull« nicht zu unterscheiden und dem »bull« seinerseits die nicht nur sprachliche Verwandtschaft mit den »bollocks« (s. *Balls*) allzu deutlich anzumerken war, wurde es auch in der Bedeutung »lügenhafter Unsinn« zu einem hochtabuisierten Wort mit um so stärkerem Aggressionspotential. Der Zusatz »shit« ist eine erst später gebildete Verstärkung aus neuerer Zeit, als die tabuisierende Kraft der sexuellen Komponente sich allmählich abschwächte.

Anwendungsbeispiele

Bullshit! – als Ausruf eine sehr aggressive Zurückweisung, etwa »Kompletter Blödsinn!«, zugleich können – je nach Situation – dem Gegner betrügerische Absichten oder Lüge unterstellt werden. Ähnlich aggressiv ist »Balls!«, etwas zurückhaltender »Baloney« und »Bananas«.

to bullshit someone – bedeutet, jemandem Sand in die Augen zu streuen oder jemanden in betrügerischer Absicht zu überreden versuchen.

Bullshit artist – bezeichnet jemanden, der beim »bullshitting« besonderes Geschick zeigt. Der Euphemismus dafür ist

Spanish athlete – gebildet in Anlehnung an ein spezielles Synonym für »bullshitting«, nämlich:

throwing [flinging, slinging] [the] bull – den Stier (nieder-)werfen, denn das ist ja der Zweck der spanischsten aller Sportarten. Eine an einen solchen »bullshit artist« gerichtete Warnung könnte z.B. lauten:

Don't even try to bullshit me! I'll find it out immmediately, and then your ass is grass!

Bull sessions – werden nach landläufiger Überzeugung besonders oft in der Politik und in gehobeneren Management-Kreisen abgehalten.

This meeting was just another of those bull sessions. They were throwing bull at each other [were bullshitting each other] for hours, and there will absolutely nothing come out of it.

Ausgewählte Synonyme

Synonyme im weiteren Sinn stehen unter *Baloney* oder *Shit*. »Bullshit« im engeren Sinn kann durch die folgenden Ausdrücke ersetzt werden:

B.S. – strikte Beachtung des Tabus, zurückhaltend und sehr auf gute Manieren bedacht.

Booshwa, bushwah, buhwash – ebenfalls sehr tabubewußt; eine Komposition aus »bullshit« und dem das gleiche bedeutenden »hogwash« – Spülwasser.

Bovine excrement – sehr distinguierter Rückzug aufs Lateinische.

Bull – Ohne »shit« ist das Wort zwar immer noch sehr derb, aber erheblich weniger ordinär; die Assoziation roher sexueller Potenz wirkt kaum noch tabuisierend. Erweiterungen wie *Pedigreed bull* – Bulle mit dokumentiertem Stammbaum – oder *Prize bull* – prämiierter Bulle – verstärken und verfeinern zugleich.

Codswallop – ein sehr britisches Synonym – bedeutet einerseits etwa »Dorsch-Galopp«, funktioniert also ähnlich wie »horsefeathers« (s. unten), anderseits ist »cod« aber auch ein sehr altes und gebietsweise heute noch gebräuchliches Wort für den Hodensack, was »codswallop« zu einer Bezeichnung für heftige Kopulation macht; die Bedeutung »Quatsch« oder »grober Unsinn« ist dann von der populären Unterstellung abgeleitet, daß Ficken die Intelligenz mindert (vgl. z.B. »fuckhead« unter *Brains and heads of all sorts*).

Horseshit – ist ein direktes Hüllwort für »bullshit«, erfunden von Leuten, denen die Vorstellung roher und prangender Sexualität bei »bull« Angst machte. – Anders als »asses« und »bulls« werden Pferde sonderbarerweise eher als geschlechtslos empfunden.

Euphemismen, die auch noch das »shit« verdecken, sind z.B.
Horsefeathers – betrügerischer Unsinn – ein Pferd hat keine Federn,
Hooey – reimt auf »gooey« – klebrig, schmeichlerisch mit Betrugsabsicht;
ähnlich auch *Phooey*.

Bum

Das Wort hat – mindestens – drei Wurzeln und entsprechend unterschiedliche Bedeutungsnuancen. Am ältesten ist wahrscheinlich der von »bottom« oder »bump« abgeleitete Gebrauch als zunächst erlaubtes (z.B. bei Shakespeare) und erst relativ spät tabuisiertes Hüllwort für Hintern (s. *Ass*). Ebenfalls aus England kommt »bum« als Kurzform von »bumbler«, einer Mischung aus »blunderer« – (einfältiger) Tölpel (hat zwei linke Hände, lauter Daumen) – und »bungler« – Pfuscher, Stümper, Nichtskönner. In Amerika entstand »bum« Anfang des 19. Jahrhunderts sehr wahrscheinlich aus dem deutschen »bummeln«. Daraus entwickelte sich bald eine sehr herabsetzende Bezeichnung z.B. für Bettler, Landstreicher oder Streuner und davon abgeleitet für alles Minderwertige, Nichtsnutzige, Asoziale oder auch Schrottreife.

Anwendungsbeispiele

Sie beschränken sich auf die vom englischen »bumbler« abgeleiteten und die amerikanischen Varianten. Zu einem Streit, der eine Beziehung (mehr oder weniger) beendet, könnte z.B. ein Schlußsatz passen wie:
> *Do you know what you are? You're nil! Zilch! You're a bum!*

Bei »bum« könnte dann auch die Tür zuknallen. Der zurückbleibende Beschimpfte wüßte nun, was er ist, nämlich ein Nullinger, ein Nichts, und dies noch unterbietend ein Trunkenbold, hoffnungsloses menschliches Wrack, asoziale Laus im Pelz der Gesellschaft, jämmerlicher Loser, Penner – alles zusammengefaßt in dieser einen Silbe »bum«.

Bei Frauen ist die Charakterisierung
> *She's a bum!*

die verächtliche Variante zu
> *The lady is a tramp!*,

was eher Anerkennung und Bewunderung für eine selbstbewußte, auch sexuell ungebundene Frau ausdrückt. »Tramp« und »bum« werden hier zwar parallel benutzt, die Verbindung zu »piece of ass« (s. *Ass*) liegt bei »bum« aber nahe.

Bum rap, Bum's rush, Bum steer – sind Bezeichnungen für besonders aggressive und erniedrigende Arten von Rausschmiß:

> *Because A. couldn't stand this hype from B. any longer, he gave him the bum's rush.*

»Weil A. dies lügenhaft-heuchlerische Gewäsch von B. nicht länger ertragen konnte, warf er ihn achtkantig raus«, klingt demgegenüber eher zahm.

Crumb-bum – ist eine Verstärkung von »bum« mit besonderer Betonung des Abstoßenden, äußerlich wie auch im Charakter.

Stew bum – verstärkt mit besonderer Betonung des Alkoholmißbrauchs durch den »bum«; »stew« ist ein Slangwort für Säufer oder Besäufnis. Je nach Kontext kann »stew bum« in Amerika (nicht im Vereinigten Königreich) aber auch ein Schimpfwort für Iren oder Personen irischer Abstammung sein: hier kommen die Assoziationen »(alle Iren sind) Säufer« und »Irish stew« zusammen.

Stumble bum – verstärkt den Loser-Aspekt.

Tennis bum, Surf bum, Ski bum, PC bum, Baseball bum usw. – sind Bezeichnungen für Leute, die nichts anderes im Kopf haben und sich deshalb asozial verhalten; »bum« ersetzt dabei »freak« – (geistig) Behinderter.

Bummer – eine schlechte Erfahrung oder ein Ereignis, das einen zurückwirft; mit anderen Worten ein »kick in the ass«:

> *Joseph's stubborn refusal to screw Potiphar's wife turned out for him to be a big bummer, because subsequently he got canned. But only for a few years, and in the end all went smoothly.*

So könnte man eine der bekannteren Episoden des Alten Testaments zusammenfassen.

Synonyme

Echte Synonyme, die »bum« einigermaßen gleichwertig ersetzen könnten, gibt es nicht. Worte wie

Bag lady – wörtlich »Beuteldame« – (obdachlose) Bettlerin,

Bindleman bzw. **Bindlestiff** – wörtlich »Bündelmann« bzw. »Bündel-Leiche« – (obdachloser) Bettler, Penner,

Derelict – wörtlich etwa »Strandgut« – Penner,

Greaseball – wörtlich »Schmierfettball« – Penner; aber auch Schimpfwort für Personen romanischer Herkunft mit glänzend schwarzer Haar-
pracht,

Guttersnipe – wörtlich »Rinnsteinschnepfe« – Bettler bzw. sehr billige
Prostituierte beiderlei Geschlecht

und ähnliche sind alle nur von eingeschränktem Bedeutungsumfang, das
heißt, sie sind in übertragener Bedeutung kaum zu verwenden.

Cock

Eigentlich bedeutet das Wort Hahn. Neben dem Stier ist er überall das typisch männliche Symboltier. Die Folklore schreibt ihm Eigenschaften wie Stolz, Mut, Kampflust und schier unerschöpfliche Potenz als Herrscher über die Hennen zu, in Satiren aber auch Eitelkeit, Aufgeblasenheit und Dummheit – das Hirn eines Hahns ist eben doch recht klein. All diese Hahn-Aspekte summieren sich sozusagen in der Bedeutung »Penis«, der ist nämlich bereits seit unvordenklicher Zeit fast immer bei »cock« gemeint. In der Palastanlage von Phaistos auf Kreta z.B. ist eine Münze gefunden worden, die laut Aufschrift den Zeus Velchanos darstellt; zu sehen ist ein sitzender Jüngling, der auf dem Schoß genau an der richtigen Stelle einen steil sich aufreckenden Hahn hält. Selbst in Ableitungen von »cock« und Zusammensetzungen, die eher aufs Hahnenartige zielen, bleibt eine kräftige »Penis«-Beimischung spürbar. Wie beim »ass« mußte deshalb ein neues Wort her: Wenn unter zarteren Gemütern die Rede vom Herrscher über den Misthaufen war, sprachen sie vom »rooster« – wörtlich »der auf der Hühnersteige Sitzende«. Die Bedeutung »männlicher Vogel« ist rein nur in ornithologischen Bezeichnungen wie z.B. »cock robin« – männliches Rotkehlchen –, »cock of the north« – Bergfinkenhähnchen – oder »cock of the wood« – Auerhahn – erhalten.

Anwendungsbeispiele

Die Beispiele beschränken sich bis auf wenige Ausnahmen auf Ableitungen und Zusammensetzungen des Substantivs. Grundbedeutung des Verbs »to cock« ist zwar »aufrichten«, aber obwohl damit die Penis-Assoziation auf der Hand liegt, wird sie offenbar überhaupt nicht empfunden:
to cock a gun – ein Gewehr schußfertig machen; dazu muß zunächst der Hahn gespannt werden, und der erinnerte bei den frühen Steinschloß-Gewehren seiner Form nach an einen Hahnenkopf mit Hahnenkamm;
... *the eyes* – die Augen aufschlagen; wenn A. und B. Einverständnis unter-

einander (eventuell mit leichtem Heben der Augenbrauen) durch reinen Blickontakt herstellen, kann das mit

A. cocks his eyes at B.

beschrieben werden.

.... one's ears – die Ohren spitzen;

... one's hat – seinen Hut schräg aufsetzen oder den Hut zurückschieben: eine Geste, die besonders häufig in alten Kriminalfilmen vorkommt;

.... one's nose – die Nase rümpfen.

Ableitungen und Zusammensetzungen des Substantivs sind um so strenger tabuisiert, je deutlicher der Penis hervortritt, also z.B. bei »cockstand« oder »cock alley« und sehr viel weniger z.B. bei »cockamamie« oder »cockeyed«.

Cockamamie – bedeutet etwa »vollkommen absurd, dabei noch abgrundtief blöd« und kann auf Personen und Äußerungen bezogen werden:

I'm totally fed up with your stupid, dumb, cockamamie drivel!

wäre eine mögliche Abfuhr für jemanden, der einen mit unerträglich idiotischem Gerede nervt.

Cock and bull (story) – eine von vorn bis hinten erstunkene und erlogene Geschichte, »megabullshit« sozusagen. Ursprünglich stammt der Ausdruck aus Laurence Sternes »Tristram Shandy«, einem der verwickeltsten Romane der Weltliteratur, dessen Inhalt im Schlußsatz als

a Cock and a Bull ... And one of the best kind, I ever heard

bezeichnet wird, also als Fabel, in der allerlei Tiere auftreten, als reine Fiktion. Den Auftritt eines »bullshit artist« könnte man z.B. folgendermaßen beenden:

If you keep on trying to sell me this cock and bull [story], I'll give you the bum's rush!

Cock alley oder *Cock lane* – die Allee bzw. die Straße, auf der der »cock« marschiert – gehören zu den vielen Hüllwörtern für die Vagina (s. *Cunt*); dieselbe Bedeutung haben u.a.

Cock hall – eine vornehme Villa;

Cock inn – die nur temporäre Bleibe;

Cockpit – ursprünglich die in einer steilwandigen Grube gelegene Arena beim Hahnenkampf – und

Cockshire – die Grafschaft des »cock« – wozu es ein Penissynonym »Member of cockshire« gibt (s. unten).

Cockalorum – eine verächtliche Bezeichnung für einen aufgeblasenen, eher etwas schmächtig geratenen Menschen, besonders wenn er gelehrt klingenden Unsinn daherredet. Daneben auch eine Bezeichnung für (gelehrt klingenden) Unsinn; als Ausruf ähnlich wie »phonus balonus« (s. *Baloney*).

Cockeyed – ein sehr vielseitig verwendbares Wort: Je nach Kontext kann es »schielend«, »total besoffen« (Personen in diesem Zustand sehen nicht mehr ganz gerade), »verrückt«, »lächerlich«, »schief«, »unpassend« und ähnliches bedeuten und auch auf Dinge, Vorstellungen, Vorschläge usw. bezogen werden, z.B.

zur Abwehr eines leicht paranoiden UFO-Gläubigen:

> *What a cockeyed idea, to believe that there are little green men out there, watching us!*

in einem Fall von Amnesie am Morgen nach einem langen Abend:

> *Well, the day went, Johnny Walker came, and in the end you got completely cockeyed.*

bei der Weigerung, einen offensichtlich nicht ganz funktionstüchigen Aufzug zu benutzen:

> *I don't trust that cockeyed gizmo, I'll take the stairs.*

als zusammenfassende Beschreibung von Personen, die man in jeder Hinsicht »daneben« findet:

> *A bunch of cockeyed creatures!*

Cockstand – eine der vielen Bezeichnungen für die Erektion; bei »cockstand« wird der Aspekt des Aufgerichtetseins besonders betont. Ähnliche Bedeutung haben

Blue steeler – pubertär machohaft

Hard-on – ordinär, einfallslos, häufig gebraucht (s. auch unten »bone/boner«);

Cocksucker – verächtliche und herabsetzende Bezeichnung für Personen beiderlei Geschlechts. Unter Männern wird damit zugleich Weichlichkeit oder Homosexualität unterstellt. In Beschimpfungen oft mit »motherfucker« kombiniert. – Sehr ordinär und grob, sprachlich außerhalb auch sehr großzügiger Toleranzgrenzen.

Cocksure – je nach Kontext eine besonders starke Bekräftigung:

> *A. will win this race, cocksure!*

oder eine Bezeichnung für allzu großes und deshalb dummes Selbstbewußtsein:

A.'s always so cocksure, so he's in trouble's way very often.
Cockteaser – pubertärer Macho-Ausdruck für Mädchen oder Frauen, die nicht sofort ja sagen.
Cock-up – ein sehr britisches Synomym für »fuck-up« (s. *Fuck*)
cocky – angeberisch, vorlaut.

Ausgewählte Synonyme

Alle Synonyme und Euphemismen beziehen sich auf die Tabu-Bedeutung; viele sind ihrerseits stark tabuisiert; in ihrer Menge sind sie unüberschaubar.
Agate – (gesprochen etwa »ägit«) ist eigentlich der Achat; bei Druckern, im Buch- und Zeitungsgewerbe ist es der Name für einen besonders kleinen Schriftgrad und im Amerikanischen ganz allgemein ein Wort für Zwerg und ein Hüllwort für den »kleinen Mann«. Eines Machos bestes Stück als »agate« zu bezeichnen, ist eine sehr schwere Beleidigung.
Arm – ein sehr hinterhältiges Synonym; gemeint ist nämlich nicht der Körperteil »Arm«, sondern »Waffe«; »arm« verhüllt sehr viel stärker als andere Waffensynonyme für »Penis« wie z.B. »cannon« – Kanone, »gun« – Gewehr, »pistol« oder »truncheon« – Polizeiknüppel bzw. Kommandostab; etwas eindeutiger sind schon Ableitungen wie z.B.
Long arm – eigentlich »Langwaffe«, also z.B. Gewehr; ziemlich angeberisch (s. auch unten »bazooka«), kann auch den *action*-Zustand bezeichnen und ist dann das Pendant zur Ruhestellung:
Short arm – eigentlich »Faustfeuerwaffe«, also z.B. Revolver (s. auch unten »peacemaker«); »short arms« werden außerdem mehr oder weniger verdeckt getragen; kann auch abfällig und beleidigend klingen.
Baggage – was »Mann« so mit sich trägt – so auch »luggage«; bei »package« steht der Verpackungsaspekt, das Aus- und Einpacken stärker im Vordergrund.
Baldheaded hermit – Eremiten leben ganz einsam und versteckt in ihrem Gehäuse mitten im dunklen Wald (Schamhaar-Hüllwort). Eine Variante ist
Baldheaded mouse – Die Maus (in den alten Sprachen, lateinisch und griechisch, durchgängig männlich) ist ein Penissymbol von ehrwürdigstem Al-

ter, selbst Jahwe, der HERR, hat – in seiner Jugend – auf seinem Altar »Mäuse« mit gewissen Penisassoziationen zumindest geduldet. Die Geschichte steht im 5. und 6. Kapitel des 1. Samuelbuchs: Die Philister hatten die Bundeslade des Volkes Israel geraubt und im Tempel ihres Gottes Dagon in Aschdod aufgestellt. Dagegen wehrt sich der HERR, indem er die Statue des Dagon zerstört und die Einwohner von Aschdod »an heimlichen Örten« schlägt – so übersetzt Luther. Der hebräische Wortstamm (Ajin-Pe-Lamed) bedeutet ursprünglich »strotzen«, »prangen«, »geschwollen sein« und bildet Wörter, die z.B. eine Festung auf einem Berg oder Hügel bezeichnen, wie etwa Jerusalem, die »Feste Zion«, oder Aufgeblasenheit, also Vermessenheit, Übermut und Tollkühnheit. Schon frühe Bibelbearbeiter und -übersetzer hatten damit ihre liebe Not: In der lateinischen Bibel etwa schlägt der HERR »am verborgeneren Teil« zu (in secretiori parte), fromme Neuübersetzer versuchen sich z.B. mit »Beulenpest« herauszuwinden. Dabei kann man es drehen, wie man will – im Hebräischen bezieht sich das betreffende Wort nun einmal auf die Geschlechtsregion des Körpers. Die Einwohner von Aschdod und ganz Philisterland wollten denn auch das gefährliche Heiligtum schnell wieder loswerden und fragten ihre Priester und Propheten um Rat. Die sagten ihnen, sie sollten die Lade feierlich auf einem von Kühen gezogenen Wagen wieder zurückbringen und als Buße »fünf goldene Mäuse« und »fünf goldene Ärsche« (nach der lateinischen Bibel und Luther) dazulegen. Im Klartext: Die Priester und Propheten raten den an ihren Geschlechtsorganen vom HERRn geschlagenen Philistern, deren goldene Abbilder zur Sühne zu opfern, fünf goldene »cocks« und fünf goldene, brötchenförmige »cunts« (s. »bun« und andere Gebäckformen unter *Cunt*). Bei der feierlichen Rücknahmezeremonie stehen sie gleichrangig, wenn auch sprachlich verhüllt neben der Bundeslade auf dem Altar.

Der Zusammenhang der Körperregionen, an denen der HERR die Philister schlug, mit »Mäusen« ist schon den vorchristlichen Bibelübersetzern ins Griechische äußerst peinlich gewesen, weil er auch einem sehr begriffsstutzigen Frommen die wahre Gestalt der »Ärsche« und »Mäuse« deutlich vor Augen stellt; deshalb haben sie zur Verschleierung dieses Zusammenhangs einfach einen kleinen Zusatz beim Übersetzen erfunden, und so folgt in der »Septuaginta« dem Zerstören des Dagon und dem Schlagen »an heimlichen Örten« als weitere Strafe: »Mitten in ihrem Land erschienen Mäuse, und es gab eine tödliche und schreckliche Bestürzung in der Stadt« – im hebräischen Urtext steht davon nicht ein einziges Wort.

Banana – Ausschlaggebend ist die Form, ein wichtiger Nebenaspekt die Assoziation von oralem Sex; ähnlich funktionieren (neben vielen anderen) *Burrito* – gerollte Tortilla mit Füllung; das weibliche Gegenstück ist *Tamale* (gedämpfter Maisteig mit Füllung in einer Tüte aus Maisblättern oder Papier);

Cucumber – Salatgurke – angeberisch lang;

Lollipop – Dauerlutscher – sehr oral, kindlich-albern und ein bißchen verächtlich;

Pickle – Essiggemüse (eigentlich »Pökelflüssigkeit«) – vielleicht ein bissel klein, aber sehr pikant;

Sausage – bei der Wurst natürlich auch die verschiedenen Sorten, darunter unter anderem »baloney« (s. *Baloney*).

Bazooka – sehr militaristisch, aufs Längenformat versessen, mucho macho.

Big Ben – der nach seiner größten Glocke benannte Turm am Parlamentsgebäude in Westminster – wirklich sehr mächtig.

Bone/Boner – Angeberei mit der Erektionsstärke, wird noch übertroffen durch »blue steeler«; Ableitungen von »bone« sind

Bone phone – des Reimes wegen und zur Assoziation von Oralsex;

Trombone – Posaune. Zur knochenharten Erektion kommt die wechselnde Längenausdehnung bzw. das Rein-Raus der *action* und die Assoziation von Oralsex: Eine Posaune wird geblasen – »it is a blow job«.

Broom handle – Assoziationsgrundlage sind Form und Funktion; ähnlich funktionieren

Cherry picker – ein langes Gerät; »cherry« ist außerdem ein Hüllwort für »Hymen« oder bedeutet »Jungfrau« bzw. »Jungfräulichkeit«, die der »cherry picker« pflückt (unter Männern, z.B. in Vietnam, auch die Neulinge ohne Kampferfahrung);

Chimney brush / Paint brush – bei »chimney brush« wird meist auf Analsex angespielt;

Chink stopper – eigentlich eine Bezeichnung für eine Gruppe von Baumaterialien zum Füllen oder Verschließen von Rissen und Schlitzen (z.B. Reparaturmörtel oder Dämm- bzw. Füllmaterialien in leitungsführenden Wandaussparungen); »chink« – Schlitz – ist eins der vielen Vaginasynonyme (s. *Cunt*);

Clothes prop – Kleiderhaken, machohafte Angeberei mit der Erektions-stärke (»... da kann man drei Mäntel dran aufhängen«);

Diamond cutter – Glasschneider – übertrifft an Härte »blue steeler« bei weitem;

Drum stick – deutet rhythmische *action* an;

Knife/Butterknife – sein Messer pflegte der Mann früher in der Hose ver-steckt zu tragen, z. B. in der Hosentasche oder in einer speziellen Scheide am Hosenbein; das »butterknife« stellt die Verbindung zu »butter-boat« her – dem Töpfchen für zerlassene Butter, einem verbreiteten Hüllwort für die Vagina;

Hammer – als Hüllwort für den Penis ziemlich pubertär-machohaft; abge-sehen davon ist der Hammer auch ein altes Lingamsymbol: der erigierte Penis (Stiel) in der Vagina (gelochter Hammerkopf);

Peg – der Pflock oder Dübel, dick und grob – als »pego« zwar immer noch ziemlich dick, aber in noblerem Licht erscheinend;

Pestle – ganz klassisch: der Stößel, der nichts ist ohne den Mörser (»mort-ar«);

Piston – der Kolben, reichlich mechanistisch;

Prod – der Stachel im Fleisch;

Prong – der Zinken am Geweih männlichen Selbstgefühls.

Bugfucker – »Käferficker« – zunächst auch eine Variante zu »bugger« (s. *Bugger*); meist sehr geringschätzige Anspielung auf die Maße des »cock«; ähnlich beleidigend sind Bezeichnungen wie »needle dick« oder »pencil«, wobei »needle dick« auch auf die ganze Person anwendbar ist:

> *You're just a miserable needle dick, that's what you are!*

erklärt den Beleidigten zur jämmerlichen Figur ohne Durchsetzungsver-mögen und dazu noch zum Korinthenkacker, was sich z. B. durch

> *You're just a miserable, needle-dicked bugfucker, that's what you are!*

noch steigern läßt.

Business – sehr verklemmt und ums Tabu besorgt; ebenso »affair«.

Buttonhole worker – Knopflocharbeiter – »button« ist ein Synonym für die Klitoris und »buttonhole« entsprechend für die Vagina (s. *Cunt*).

Carnal stump – der fleischliche Stumpf – ist zwar kurz, dafür aber dick und kräftig.

Crackhunter – Spaltenjäger – sehr pubertärer Machismo.

Cyprian sceptre – eine verklemmte Ausflucht ins klassische Altertum – das Zepter der zyprischen Göttin Aphrodite.

Dangling participle – eine Ableitung aus »standing principle« – geltender Grundsatz – und »particle« – kleines Teilchen: Hier »steht« nun wirklich gar nichts mehr.

Dick – Das Wort hat eine lange Geschichte, ähnlich wie »bum« (s. *Bum*) mehrere Wurzeln und entsprechend unterschiedliche Bedeutungen; zwei davon sind von ehrwürdigem Alter: das altenglische »dhegn« für »Diener« oder »Gefolgsmann« oder als (Adjektiv) einfach »männlich« und das angelsächsische »thicce« , was »dick«, »dicht«, »fest«, »steif«, aber auch »oft« oder »zahlreich« heißen kann. Im 18. Jahrhundert ist z.B. »donkey dick« eine geläufige Bezeichnung für den Eselhengst. Die dritte Bedeutungsvariante ist erst jüngeren Datums und in Amerika als Abkürzung von »detective« entstanden. »Dick« ist also sowohl eine Bezeichnung für »Penis« wie für »Kerl« und »Polizist« (nicht unbedingt nur für den Detektiv), wobei die Penis-Bedeutung bei weitem überwiegt:

Dick Tracy, der berühmte Comic-Detective, ist ebenso ein personifizierter Penis wie der von Agatha Christie erfundene Detektiv (»dick«) Hercule Poirot: HP ist glatzköpfig und lebt ungesellig (»a baldheaded hermit«, s. oben), zwar eher kleinwüchsig von Statur, wächst er – einmal in Aktion – regelmäßig über sich hinaus; wie den Amerikaner Dick Tracy verrät ihn sein Name: »poirot« heißt zwar »Birnchen« (oder »kleiner Trottel« – auch ein Penis-Aspekt), es klingt aber im Französischen genau so wie »poireau«, und das ist der Lauch oder Porree, ein sehr geläufiges Hüllwort für den Penis – von den unter dem Wort »Hercule« verborgenen Worten gar nicht zu reden.

Dickless Tracy – ist eine Politesse oder jedes andere weibliche Mitglied der Polizei.

to dick – als Verb ist »dick« Synonym von »fuck« und wird wie dies ebenfalls häufig in übertragener Bedeutung gebraucht. Während der Regierungszeit des amerikanischen Präsidenten Richard Nixon (Dick Nixon), dessen besondere Begabung, seine politischen Gegner »fertigzumachen« (»to fuck his opponents«), allgemein anerkannt war, lautete ein oft zitiertes Graffito:

Dick Nixon before he dicks you!

Außer dem Personennamen »Dick« (Richard) gibt es noch eine Unzahl anderer Personennamen und Anreden als Penis-Hüllwörter; hier eine kleine Auswahl:

Dickie and the boys – verhüllen den ganzen Apparat, den »cock« samt den »balls«;

Dicky Jones – ein naher Verwandter von *Tom Jones* – Titelheld in Henry Fieldings »History of Tom Jones«; er zieht in die weite Welt hinaus und treibt es ganz unterschiedlos mit den Damen, von denen eine möglicherweise sogar seine Mama ist, was ihn aber als Findelkind nicht groß kümmert; der Name steht für eine Art »Jedermann«: Darin ist »Tom« das Bestimmungswort für »männlich« (wie etwa in »tomcat« – Kater) und Jones der Allerweltsname, der bei Einwohnern des Vereinigten Königreichs Vorstellungen walisisch-bergmännischer Charaktere (schwere Arbeit in dunklen Höhlen) hervorruft;

Jack – je nach Kontext »Penis« oder ganz allgemein »Kerl«, »Mann« (so etwa in »lumberjack« – Holzfäller – oder »jack of all trades« – Hansdampf in allen Gassen); wie »tom« auch ein männliches Bestimmungswort (z.B. in »jackass« – Eselhengst, »jackrabbit« – Karnickelbock, »jackhare« – Rammler);

to jack – Das Verb ist eine sehr ordinäre Bezeichnung für den Geschlechtsverkehr oder das Masturbieren, abgeleitet von »ejaculate« (im Slang: »to jack off«).

Spezielle Penissynonyme mit »jack« sind z.B.

Jack in the Box – eigentlich ein Spielzeug, der »Springteufel« oder »Kastenteufel«; weil »box« aber ein ebenso weitverbreitetes wie ordinäres Vaginasynonym ist, wird daraus der »jack« mit besonderer Betonung der *action*;

Jack Robinson – Dieser »jack« ist der »Sohn des Robin«, und *Robin* ist seinerseits wieder ein Hüllwort für »Penis« mit altehrwürdiger Tradition; wörtlich übersetzt, ist »robin« der »Rote«, der Titel eines vorchristlichen Fruchtbarkeitsgottes auf den britischen Inseln; in späteren Volksbräuchen hieß so der bei Maifeiern gewählte »Bräutigam« der »Maibraut«; als »Robin Goodfellow« wird der Herr der Hexen mit Widderhörnern, Widderschenkeln und -hufen und mächtig erigiertem Penis z.B. in einem 1639 erschienenen Londoner Druck »Robin Goodfellow, his mad prankes and merry gestes« dargestellt; Robin Goodfellow ist auch der »Puck« in Shakespeares »Sommernachtstraum«; von seinen »mad pranks« und »merry jests« erzählt ein Elf und prahlt er selbst; z.B. erschreckt er die

Jungfern vom Land, läßt die Hausfrau ziellos buttern, müht sich manchmal in der Handmühle bzw. im Mörser ab (in the quern), führt Wanderer in die Irre, verführt ein »fettes und mit Bohnen gefüttertes Pferd«; außerdem bewirkt der Saft aus seiner Zauberblume, daß sogar die Elfenkönigin Titania ganz verrückt nach einem Esel ist.

Robin Hood ist der Penis mit Präservativ, und dementsprechend ist eins der vielen Hüllworte für ebendies »Robin's hood«;

John – je nach Kontext der Penis, der Kunde im Bordell oder überhaupt »Mann«, aber auch, z.B. in

> *I'm off to the john*

das WC;

John Thomas – so nennt in D.H. Lawrences »Lady Chatterley's Lover« Oliver Mellos, der kräftige Wildhüter, der es der »Lady Jane« (Vaginasynonym! – eigentlich heißt sie Conny) Chatterley von Grund auf richtig besorgt, seinen erigierten Penis; der Name faßt die Penis- und Männlichkeitsassiozationen von »John« und »Tom« (Jones) zusammen;

Hanging Johnny – ein Schicksalsgenosse von Tom Dooley (s. unten);

Dr. Johnson – Der berühmte englische Polyhistor des 18. Jahrhunderts, Samuel Johnson, wußte nach landläufiger Meinung alles, weil er in alles seine Nase steckte;

Julius Caesar – ein mächtiger Feldherr, glatzköpfig (»baldheaded«) dazu (im übrigen s. unten »girlometer«);

Nebuchadnezzar – wie Cäsar ein mächtiger Feldherr, außerdem mit fünf Silben wirklich sehr lang und auf altorientalische Weise prächtig;

Nimrod – ein großer Jäger *vor* dem Herrn (s. auch »Rod«);

Percy – schöne Mädchen nimmt »er« sofort wahr (von »perceive« – wahrnehmen); ziemlich pubertärer Machismo (s. auch »girlometer«);

Peter – ein weit verbreiteter (kindersprachlicher) Euphemismus, wahrscheinlich von »to pee« -pissen – abgeleitet;

Saint Peter – er schließt die Paradiesespforte (Vaginasynonym!) auf;

Richard – verhüllt den »dick«, der seinerseits den »cock« verhüllt; *veddy british*;

Richy – verhüllt ebenfalls doppelt, ist aber sehr gemütlich-familiär; beides klingt zugleich ganz hinterhältig harmlos;

Tom Dooley – muß bekanntlich hängen (nach der *western ballad* »Hang down your head, Tom Dooley...«);

Willy – von »willy-nilly« – »wohl oder übel« bzw. »ob [man] will oder nicht«: »Willy« will ganz bestimmt.

Ding – gehört zu einer ganzen Reihe mehr oder weniger sinnloser, lautmalender Wörter; sie sind ebenso inhaltsleer und universal anwendbar wie im Deutschen »Dingsbums«, »Dingens«, »Dings«, »Teil« und ähnliche Passepartout-Wörter. Im Englischen beziehen sich die meisten auch auf Personen, die mit Penissynonymen z.B. als dumm, verrückt oder in anderer Weise »daneben« bezeichnet werden. Hier einige aus der unüberschaubaren Menge solcher Ausdrücke:

Ding-a-ling, Dingus, Ding-Dong, Dong
läßt Freischwingendes, Hängendes (»dangling«) assoziieren;
geräuschvolle *action* deuten an:
Banger, Whammer, Whang;
eher an den Glockenstrang, an dem man ziehen muß, damit es zur *action* kommt, erinnern
Yang, Ying-Yang;
Dodad, Do-funny, Do-jigger (s. unten »jigger«), *Do-johnny* (s. oben »john«)
betonen den *action*-Aspekt,
Doodle ruft Vorstellungen vom Herumspielen hervor, aber auch von Blasmusik,
Dork mit seinen Varianten *Dirk, Dorf* oder auch *Doof* läßt Längliches (dirk = Dolch) und große, aber exzentrische Dummheit assoziieren.

Dummy – Der Assoziationsbereich umfaßt Vorstellungen des Unechten oder nicht ganz Ernstzunehmenden oder Unfertigen – z.B. Statist, Strohmann, (Schneider-)Puppe, im Druck- und Verlagsgewerbe auch Blindband, des Tölpelhaften und Hirnlosen (sozusagen des genuin Penishaften) wegen der lautlichen Nähe zu »dumb« und von Oralsex – »dummy« ist auch ein Kinderwort für Schnuller.

Engine – Motor bzw. Triebwerk mit stampfenden Kolben im Zylinder, Mechaniker-Machismo, zugleich ums Tabu bemüht; ähnlich verklemmt:
Equipment – Ausrüstung bzw. Ausstattung;
Instrument/Tool – Werkzeug, Gerät;
Kit – Satz von Werkzeugen bzw. Fertigbauteilen – bezieht sich auf den ganzen Apparat von »balls« und »cock« (natürlich gehört auch »apparatus« zu den einschlägigen Synonymen);

Machine – das Apparathafte des Triebwerks wird etwas stärker betont.

Family organ – die Familienorgel, das Harmonium – gebildet aus dem Euphemismus »family jewels« für die »balls« (s. *Balls*) und *Organ* – »Organ« –, einem wirklich äußerst spießigen, ins Wissenschaftliche flüchtenden Verhüllungsversuch.

Girlometer – sehr primitives College-Niveau, der Penis als Anzeigegerät zum Aufspüren von Mädchen; ähnlich

Divining rod – Wünschelrute – leicht snobistisch;

Julius Caesar – Kalauer: »Caesar« klingt so ähnlich wie » ... sees her« in einem Satz wie z.B.

> *He sees her, and he likes what he sees!*,

mit dem Kumpel einander das freudige Ereignis einer Erektion angesichts einer schönen Frau mitteilen: »Ihm« gefällt, was er da sieht!

Seeking muscle – wie »girlometer«.

Hickey – verbindet »hick« – in Amerika etwa »(Dorf-)Trottel« oder »Depp«, entstanden aus einer kindersprachlichen Form »Hick« für »Richard« bzw. »Dick« (s. oben) – mit »hickey«, einem Slangwort für »Pickel« (eigentlich »Lampenfassung«), was im Englischen auch »prick« heißt und was wiederum eins der am weitesten verbreiteten Penissynonyme ist, und weil außerdem Schluckauf und Ejakulation weltweit synonym gebraucht werden, kommt noch »hiccup« bzw. »hiccough« mit ins Spiel.

Horn – ein Penissynonym und -symbol von biblischem Alter und ebensolcher Ehrwürdigkeit.

Jigger – verbindet die Vorstellung von einem derb-volkstümlichen Springtanz (»jig«) zur Fiedel mit dem maritimen Besan (»jigger«), einem Segel an einem schräg aufwärtsgerichteten Mastbaum, oder der »Talje« (englisch ebenfalls »jigger«), dem seemännischen Flaschenzug (zwei Rollen und ein Strick zum Ziehen).

Joystick – ist – lange bevor das Wort auch das Zusatzgerät für Computerspiele bezeichnete – der zwischen den Beinen des Piloten aufragende Steuerknüppel in Flugzeugen; daher rührt auch die in »joystick« enthaltene Anspielung auf Masturbation, ein Zusammenhang, der z.B. in dem Film »Dr. Strangelove« drastisch in Szene gesetzt wird; Ableitungen mit »stick« sind z.B.

Creamstick – das Küchengerät zum Sahneschlagen;

Dipstick – der Ölmeßstab, lang und biegsam;

Swizzle stick – das Rührstäbchen im Cocktail – sehr herablassend bis stark beleidigend.

Log – der Holzklotz – geradezu lächerlich angeberisch mit rustikaler Note; ähnlich

Pole – der Pfahl bzw. die Stange;

Maypole – Hier wird die Übertreibung womöglich noch absurder,

Pylon – die Säule – wie oben, nur antikisierend.

Lovesteak – klingt wie »... stake« und spielt so zugleich auf den erektionsstarken »Pfahl« (stake) und auf das »wertvollste Fleischstück« (steak) an; Varianten sind z.B. »love muscle« und »love pump«.

Member – Glied – wie im Deutschen ein sehr tabubewußtes Hüllwort für den Penis; aber anders als im Deutschen gibt es im Englischen den Unterschied zwischen »Glied« und »Mitglied« nicht, was z.B. folgende Weiterung ermöglicht:

Member for cockshire – ein nur unter Einwohnern des Vereinigten Königreichs benutztes Synonym; bei den dortigen Parlamentswahlen gilt das reine Mehrheitswahlrecht, jeder Wahlkreis wird immer nur von einem Parlamentsmitglied – »Member of Parliament« – vertreten, und jede/jeder Abgeordnete wird deshalb ganz offiziell und alltäglich als »Mrs./Mr. A., the honourable member for X«, bezeichnet. In »Member for cockshire« ist der »Wahlkreis« eine verhüllende Bezeichnung für die Vagina. – Varianten sind z.B. »dearest member« und »privy member«.

Membrum virile – das männliche Glied – ein sehr snobistischer Rückzug aufs Lateinische.

Merrymaker – Das Wort hat es in sich, seine Wurzeln als Penissynonym reichen in vorchristliche Zeiten zurück. Das im Englischen veraltet klingende »merry« kommt sonst fast nur noch in festen Zusammensetzungen wie »... a merry Christmas and a happy New Year« oder dem eher ironisch gebrauchten »Merry Old England« vor; wirklich treffend (z.B. als »fröhlich« oder »lustig« oder »gut drauf«) läßt es sich kaum ins Deutsche übersetzen. Die ursprüngliche Bedeutung geht wahrscheinlich auf ein Wort für »Zeitvertreib« oder »festliche Kurzweil« zurück, wobei fast immer ein Zusammenhang von gut essen, viel trinken und vögeln hergestellt, zumindest aber nahegelegt wird; dazu passen auch Bedeutungsnuancen, die Zügellosigkeit und Anarchie assoziieren lassen: »Merry men« sind die Gefolgsleute von Kriegsherren ebenso wie von Räuberhauptmännern oder von

»Robin«, dem Bräutigam der Maibraut. Kinder von »Maibräuten«, gezeugt im »merry month of May«, nannte der Volksmund »merrybegots«, was sich dann auch auf uneheliche Kinder überhaupt beziehen konnte. Nach allgemein verbreiteter und von Sir James Frazer in seinem mythologischen Grundlagenwerk »The Golden Bough« erwähnter Ansicht wurden neun Monate nach »Merry Christmas« besonders viele Kinder geboren – die eher verklemmt-prüde Feierlichkeit des deutschen Weihnachtsfestes ist eine Erfindung des Biedermeier zu Beginn des 19. Jahrhunderts, überall sonst in Europa geht es zu »Merry Christmas« eher karnevalesk her. »Merry« sind auch die »jests« – die »Scherze« – des steifgeschwänzten »Robin Goodfellow« (s. oben) – »scherzen« (to jest) ist außerdem ein altehrwürdiges Hüllwort für – meist streng verbotenen – Sex: Der Erzvater Abraham vertreibt seine erste Frau Hagar und ihren gemeinsamen Sohn Ismael in die Wüste, nachdem Ismael mit dem kleinen Isaak beim »Scherzen« erwischt wurde, und Ruben, der Erstgeborene des Erzvaters Jakob, verliert das Erstgeburtsrecht, weil er auf dem erzväterlichen Lager mit dessen Nebenfrau Bilha »gescherzt« hat. In einem Schmähgedicht von John Wilmot, dem zweiten Earl of Rochester und Anhänger der anglikanischen Partei in England, heißt es über den eher katholisch und französisch-barock gesonnenen Charles II. (er regierte von 1660 bis 1685):

Restless he rolls about from Whore to Whore
A merry Monarch, scandalous, and poor,

was die Assoziationen von Sex und Suff und das sichtbarlich nicht vom HERRn Erwähltsein in »merry« scharf hervorhebt: »Unaufhörlich schlingert er von Hure zu Hure«, dieser »merry Monarch«, anstößig und schäbig noch dazu.

Mister Happy – ist eigentlich ein »Mister Merry«, bei dem das anstößige »merry« schamhaft durch das nur sehr oberflächlich ähnliche »happy« verhüllt ist.

Middle leg / Third leg – ein ähnlich anatomiewidriger Verhüllungsversuch wie der »elfte Finger« im gleichnamigen Kriminalroman von Walter Serner; nur ist ein Finger selbstverständlich zu viel Geschickterem fähig als – tief unten – ein Bein.

Old man – in Amerika der volkstümlich gebräuchliche Ausdruck für »Vater«, also für den, der als einziger unter den Männern der Familie die Legitimation zum Ficken hat.

One-eyed wonder – betont, daß »er«, obwohl nur einäugig, das Begehrte »sieht« (s. oben »girlometer«); die auffällige »Einäugigkeit« kommt auch in Varianten vor wie z.B.

One-eyed milkman – mit Anspielung auf den Erguß;

...monster – gespenstische Angeberei;

...rocket – militaristische Angeberei.

Pecker – ist eigentlich ein Arbeitsgerät, ein Pickel bzw. eine Haue; das Verb »to peck« bezeichnet vor allem die rasch auf und ab geführte Schnabelbewegung der Vögel beim Picken; davon scheint die Penis-Bedeutung von »pecker« abgeleitet zu sein, ohne daß das Verb aber ein Synonym zu »fuck« wurde; ganz im Gegenteil bezeichnet »pecking« den gänzlich asexuellen, sehr flüchtig-förmlichen Wangenkuß. »Pecker« ist dagegen derart tabuisiert, daß »anständige Leute« vor allem in ländlichen Gegenden Amerikas schon beim Anblick einer Haue oder eines Spechts (»woodpecker«!) schamrot werden. Die anarchistische Durchschlagskraft des amerikanischen Comic-Helden »Woody Woodpecker« beruht auch auf seinem »pecker«-Charakter: Wortwörtlich muß es in keinem der Comics ausgesprochen werden, denn jedem Leser ist klar:

He fucks the establishment!

Peacemaker/Piecemaker – ein Kalauer, der den Penis mit einem vor allem durch Westernfilme berühmt gewordenen Modell des Colt-Revolvers, dem »Single-Action Peacemaker«, verbindet.

Prick – ein ungemein britisches Penissynonym, selbst hochgradig tabuisiert. Ursprünglich bedeutete das Wort z.B. »Dorn« oder »Stachel«, dann auch das von einem Nadelstich oder einem Dorn verursachte kleine Mal, »Pustel« oder »Pickel«. Bis ins 17. Jahrhundert ist »prick« in England ein durchaus gebräuchlicher und gesellschaftlich sanktionierter Ausdruck für »Liebhaber«, so ist etwa in einem Liebesbrief einer Frau an einen Mann die Anrede »my prick« gleichwertig mit »my sweetheart«; im 18. Jahrhundert werden dann die Shakespeare-Ausgaben von den zahlreich darin vorkommenden »pricks« gereinigt, obwohl es sich in den allermeisten Fällen um die Ursprungsbedeutung »Dorn« oder »Stachel« handelt (z.B. »prick of love« – Stachel der Liebe). Außerdem färbten die Bedeutungsinhalte des ähnlich klingenden »prig« – Pedant, sauertöpfischer Rechthaber bzw. Gauner – immer stärker auf »prick« ab, deshalb ist ein »prick« auch ein ganz unangenehmer, widerwärtiger Kerl, ebenso dumm wie eitel, ein echter »dork« (s. oben). Direktes Hüllwort für »prick« ist

Pimple – es bedeutet eigentlich Pickel oder Pustel; in Tolkiens »Lord of the Rings« nennen die Hobbits den unbeliebten Abkömmling einer sehr unbeliebten Hobbit-Familie »Pimple«; denn er ist wirklich ein »prick«, was sie aber niemals aussprechen würden (Tolkien-Fans, die nur die deutsche Ausgabe – »Der Herr der Ringe« – kennen, bemerken davon nichts, weil die Übersetzung immer nur sehr schlicht und brav Worte überträgt, nicht aber den Sinn. Aus dem boshaft »Pimple Lotho« benannnten Sohn der Familie Sackville-Baggins wird so ein alberner »Pickel Lotho« aus der Familie Sackheim-Beutlin – und keiner weiß, warum).

Pudding – ist möglicherweise vom Lateinischen »pudendum« bzw. »pudenda« – das bzw. die Geschlechtsteil(e), wörtlich »dasjenige, dessen man sich zu schämen hat« – abgeleitet; »pulling the pudding« bzw. »pulling the pud« sind Synonyme fürs Masturbieren.

Rector of the females – ein sehr britisches Synonym; dort ist »rector« der Gemeindepfarrer, der im »rectory«, dem Pfarrhaus, residiert; der Ausdruck ist eine Übersetzung des lateinischen »rector feminarum«, in der katholischen Kirche Amtstitel des geistlichen Leiters von Frauenkongregationen; ein solcher »rector« ist sozusagen von Amts wegen Hahn im Korb, und Geschichten über die sexuellen Eskapaden geistlicher Herren gehören seit altersher zum festen Repertoire des Volksmunds wie der hohen Literatur; verwandt sind

Father confessor – Er ist in Frauenklöstern der einzige Mann; Frauen dürfen in der katholischen Kirche auch heute noch nicht die Beichte hören;

Vestryman – Kirchenältester – ein amerikanisch-protestantischer Behelf; im protestantischen Milieu sind die Pfarrer nicht ganz so wichtig, »Häupter der Gemeinde« sind hier die Kirchenältesten: sie stehen der Gemeinde vor.

Rhubarb – Rhabarber – langer, steifer, rötlicher Stengel, wächst rasch und üppig.

Rod – ein Synonym mit gewissem Snobappeal – wörtlich ist es die Rute; es bezeichnet aber auch den Herrscherstab bzw. das Zepter und in übertragener Bedeutung Macht und (Gewalt-)Herrschaft; in der englischen Standardbibel ist »rod« das »Reis«, das aus der Wurzel Jesse sprießt, also der einschlägig beleumdete König David; darüber hinaus ist es ein Längenmaß

(16,5 Fuß bzw. ca. 5 Meter), und schließlich, vor allem in Zusammensetzungen, eine Bezeichnung für Stab- und Stangenförmiges aller Art wie z.B. »curtain-rod« – Gardinenstange, »fishing-rod« – Angel, »lightning-rod« – Blitzableiter, »measuring-rod« – Meßlatte, »piston-rod« – Pleuelstange, die alle auch Penissynonyme sein können; der Name »Nimrod« als Penissynonym verdankt dem »rod«-Aspekt wenigstens ebensoviel wie dem »Jäger vor dem Herrn« (s. oben). Ableitungen sind u.a.

Aaron's rod – ein hochehrwürdiges Penissynonym und -symbol – der Stab Aarons, dürres Holz, beginnt im Zelt des Bundes vor der Bundeslade zu sprießen, blühen und Mandeln zu tragen, zum Zeichen, daß Aaron allein das Allerheiligste (Vaginasynonym) betreten darf; vorher, zu Beginn der Verhandlungen vor Pharao über den Auszug der Kinder Israel aus Ägyptenland, hat sich Aarons Stab auch schon einmal in eine Schlange (s. unten »serpent«) verwandelt;

Ramrod – der Ladestock – Zur militaristischen Macho-Komponente tritt die Anspielung auf den Widder (englisch »ram« – s. auch oben »Robin Goodfellow«); sehr ähnlich ist

Battering ram – Rammbock – Das Fortgesetzte des Tuns wird stärker betont.

Rumpleforeskin – eine Variante zu *Rumplestiltskin*, dem englischen Namen des Penis-Gnoms Rumpelstilzchen aus Grimms Märchen; »rumpleforeskin« ist schon etwas ältlich und verbraucht, seine Vorhaut zerknittert.

Schmuck – eigentlich die jiddische Übersetzung von »(family) jewels«, ist meist auch eine sehr verächtliche Bezeichnung für »dummer Kerl«; sehr ähnlich verhält es sich mit

Schneckel, Schlong, Schwantz, Putz – alles Penissynonyme aus dem Jiddischen, alle stark tabuisiert und höchst ordinär.

Shaft – vergleicht je nach Kontext den Penis mit einem Speer oder einer Lanze, einem Lichtstrahl in der Finsternis, einem Stiel oder Handgriff, einem Pfeiler, einer Fahnenstange oder einer Spindel.

Serpent – ein Penissymbol und -synonym mythischen Alters; große Schlangen – und nur um die kann es uns gehen – sind zudem, anders als im Deutschen, immer männlich; Varianten sind

Snake – mit stärkerer Betonung des Durchschlängelns (»sneeking«);

Lizard – Eidechse – mit Betonung des Faulen und Nichtsnutzigen (»lounge lizard«);

Worm – je nach Kontext »Wurm« oder »Drache«.

Solicitor General – im Vereinigten Königreich Titel des Zweiten Kronanwalts, in den USA des stellvertretenden Justizministers – soweit, so höchst ehrenhaft; im »solicitor« stecken aber auch das Verb »solicit« und das davon abgeleitete Substantiv »solicitation«, die rechtstechnischen Ausdrücke für das Werbungsgespräch von Prostituierten oder überhaupt die sexuelle »Anmache«.

Staff – ein Penissynonym, das den eher feierlichen Aspekten von »rod« (s. oben) entspricht.

Three-piece suit – ein weitverbreitetes Hüllwort für den ganzen Apparat, »balls« und »cock«.

Weenie – in Amerika eine gängige Abkürzung für das schwer auszusprechende »Wiener Würstl«, ansonsten »winzig«.

Wick – eigentlich der Docht. Zum Penis-Charakter beigetragen hat wahrscheinlich die Nähe zu »wicked« – »verrucht«, »boshaft«, aber auch, je nach Kontext, »schalkhaft«. Die deutsche Beschwerde über einen aufdringlichen Zeitgenossen »Der geht mir auf den (z.B.) Geist!«, kann auf Englisch jedenfalls mit

He goes on my wick!

wiedergegeben werden.

Cunt

Von allen Wörtern der englischen Sprache ist »cunt« immer noch das am stärksten tabuisierte, viel stärker als etwa »fuck« oder »cock« oder im Deutschen die gleichbedeutenden, ebenfalls als sehr ordinär empfundenen Bezeichnungen »Fut« oder »Möse«. Das schwächer tabuisierte »Vagina« – eigentlich die Scheide eines Schwertes – war schon im alten Rom ein Hüllwort für das stark tabuisierte »cunnus«, das eben nicht die Scheide, sondern die Fut bezeichnet. Seine Urform mit der Bedeutung grundlegender Weiblichkeit vermuten einige Sprachwissenschaftler bereits im »Nostratischen«, einer Art Ursprache, auf die sich fast alle modernen und alten Sprachen Eurasiens zurückführen lassen. In den indogermanischen Sprachen gehören zum selben Wortstamm etwa neben dem gleichbedeutenden lateinischen »cunnus« im Französischen das davon abgeleitete »con«, das griechische »guna« (bzw. »gyne«) – Frau, im Englischen gleichklingend »quean«, eine nicht mehr gebräuchliche Bezeichnung für Prostituierte, und »queen« – Königin, im Schwedischen »kvinna« – Frau. Bis ins späte Mittelalter konnte das Wort ohne Furcht vor Tabuverletzung gebraucht werden, so wird z.B. in einer Quelle von 1280, zitiert im »Oxford English Dictionary«, eine große Durchgangsstraße Londons »Gropecuntelane« genannt, was man etwa mit »Mösentätschel-Straße« übersetzen kann. Aber schon Geoffrey Chaucer traut sich Ende des 14. Jahrhunderts in seinen »Canterbury Tales« nicht mehr, die »cunt« beim Namen zu nennen, sondern verhüllt sie durch einen »falschen« Reim: In »The Miller's Tale« verführt ein artiger Studiosus die junge, hübsche Frau eines alten Schreiners mit folgendem »Eröffnungszug«:

... Whil that hir housbonde was at Oseneye,
As clerkes ben ful subtile and ful queynte;
And prively he caughte hire by the queynte

Er beginnt die Affäre, »während ihr Mann in Osney war – denn Studiosi sind höchst scharfsinnig und gerissen – und erwischte sie heimlich an der ›Queynte‹«. Dem Wort »queynte« entspricht im modernen Englisch das Wort »cunning«, was je nach Kontext »listig«, »geschickt« oder »tüchtig«, aber auch »reizend«, »entzückend« und sogar »wohlschmeckend« bedeuten kann. Die zweite Reimzeile macht also durchaus Sinn – der Studiosus erwischt die Frau an der »Reizenden« – allerdings nur verhüllt. Mit dem »falschen« Reim zweier gleicher Wörter deutet der Erzähler der »Canterbury Tales« an, daß der Müller in der betreffenden Zeile (oben die dritte) ein zwar ähnlich klingendes, aber doch ganz anderes Wort gebraucht hat, nämlich »cunte« oder »cynte«, ein Wort, das man in besseren Kreisen eben nicht mehr ausspricht.

Shakespeare nennt es nie, zielt aber wortspielerisch darauf, so z.B. in »Henry V.«, dessen Braut, die französische Prinzessin Cathérine, bei einer ihrer Hofdamen erste englische Wörter lernt. Dabei fragt sie auch:

Comment appellez vous le pied et la robe? [Wie heißt »der Fuß« – also »the foot« – und »das Gewand« – also »the gown«?]

Worauf die Hofdame, eine Französin, mit französischem Akzent antwortet:

Le foot, madame; et le coun.

Die Prinzessin ist schockiert, denn für sie klingt das wie »foutre« – ficken und »con« – Fut. In »Hamlet« fragt der Prinz, dem die jungfräuliche Ophelia erlaubt hat, seinen Kopf in ihren Schoß zu legen:

Do you think I mean country matters?

Was natürlich auch heißen kann: »Glaubt Ihr, ich habe Ländliches im Sinn?«, angesichts der prinzlichen Position ist »country« aber leicht als »cuntary« bzw. »cunt'ry«, also etwa »Mösliches« zu verstehen. In »Was ihr wollt« (Twelfth Night; or What You Will) läßt er es sogar auf der Bühne von dem dummen und eitlen Kammerdiener Malvolio buchstabieren; dem haben seine Gegner einen Brief zugespielt, von dem er glauben soll, er stamme von seiner Herrin, auf die er scharf ist, und er fällt auch darauf herein:

*By my life, this is my lady's hand! these be her very **C**'s, her **U**'s and her **T**'s; and thus makes she her great **P**'s...*

Also:

*Bei meinem Leben, das ist die Handschrift meiner Herrin, dies wahrhaft ihre **C**'s, ihre **U**'s und [gesprochen »an'« – also **N**] ihre **T**'s; und so macht sie ihre großartigen **P**'s [gesprochen »pees« – also Pisse].*

John Wilmot, der zweite Earl of Rochester (1647 bis 1680), benutzte das Wort sehr wohl und zusammen mit dem anderen hochtabuisierten Wort »fuck« ganz ungeniert und häufig. In einem »Epitaph«, einer Grabschrift, die er, so wird vermutet, in den 1670er Jahren auf die berühmt-berüchtigte Nell Gwyn schrieb, die offizielle Mätresse Charles' II, des letzten Stuart auf dem englischen Thron, heißt es:

She was so exquisite a Whore,
That in the belly of her Mother
Her Cunt was placed so right before,
Her father fucked them both together.

Ein starkes Stück, zumal die lebenslustige Nell den alten Sauertopf Wilmot um gut sieben Jahre überlebte, allerdings waren seine scharfen Satiren und Schmähgedichte auch nicht jedermann zugänglich.

In Laurence Sternes 1768 erschienener »Sentimental Journey« wäre »cunt« eigentlich das letzte Wort, nur bricht der Roman eben genau vor diesem letzten Wort ab:

So that, when I strech'd out my hand, I caught hold of the fille-de-chambre's —

In einer neueren deutschen Übersetzung (»Empfindsame Reise«): »Als ich jetzt die Hand ausstreckte, ergriff ich der *fille de chambre* ...«

Für Sprachhistoriker ist John Clelands Roman »The Memoirs of a Woman of Pleasure« vor allem deshalb von Interesse, weil darin kein einziges Mal das Wort »cunt« vorkommt, obwohl die Heldin und Erzählerin »Fanny Hill« fast unausgesetzt davon redet, nur eben in immer neuen, verhüllenden Euphemismen.

In der ersten Ausgabe des im 19. Jahrhundert begonnenen »Oxford English Dictionary«, das den Anspruch erhebt, *alle* Wörter des Englischen zu beschreiben, kam das Wort nicht vor; erst neuere Bearbeiter haben es aufgenommen. James Joyces »Ulysses« und D.H. Lawrences »Lady Chatterley's Lover« durften in Amerika (bis 1959) und England (bis 1960) hauptsächlich deshalb nicht in ihren Originalversionen verkauft werden, weil sie dies schlimme Wort enthielten (s. auch *Fuck*).

Anwendungsbeispiele

Anders als bei »cock« gibt es für »cunt« keine vergleichsweise »harmlosen« Anwendungen oder Ableitungen, denn anders als der »cock«, der eben auch der stolze Hahn sein kann, ist »cunt« immer sie selbst. Als Schimpfwort für Personen beiderlei Geschlechts ist es von unüberbietbarer Brutalität und Gemeinheit.

Im Ersten Weltkrieg war unter englischsprachigen Soldaten »cunt« ein sehr kräftiges Schimpfwort für verhaßte Personen oder nicht funktionierende Dinge, z.B.:

You silly cunt! – war erheblich beleidigender und herabsetzender als etwa

You silly prick!

A cunt – war aber auch ein Gewehr, zu enge Stiefel, ein zu schwerer Tornister, ein biestiger Vorgesetzter oder sonst irgend etwas Verabscheuungswürdiges.

Ausgewählte Synonyme

Die Menge der Synonyme und Euphemismen ist entsprechend der Tabustärke unübersehbar groß; fast alle sind ihrerseits stark tabuisiert.

Ace of spades – Pik-As – ursprünglich das Zeichen der Witwe, und »lustige« Witwen gehören zum festen Repertoire gängiger Witze und Schwänke.

Alcove – die Nische mit dem Bett, eng und Ort der *action*.

Basket – der Korb – ist einer der vielen Euphemismen, die von der sehr alten Ideenverbindung zu »Empfängnis«, »Behältnis« abgeleitet sind; dazu gehören außerdem z.B.:

Box – Schachtel – ziemlich vulgär;

Purse – das Portemonnaie – Anspielung auf die »cunt« als Arbeitsgerät,

Scabbard – ist die genaue Übersetzung des lateinischen »vagina« – (Schwert-)Scheide – ins Englische; sehr snobistisch, *veddy british, indeed.*

Beard – Bart – bleibt sozusagen beim Schamhaar hängen und traut sich nicht weiter,

Bearded clam – »Bartmuschel« – dagegen schon, zugleich schwingt ein bißchen männliche Angst mit vor den kräftigen Schließmuskeln der Muschel. Als Euphemismus ist »beard« offenbar schon verhältnismäßig alt, so erläutert Captain Francis Grose in seinem berühmten Werk »A Classical Dictionary of the Vulgar Tongue« von 1796 den Ausdruck »beard splitter« (also etwa »Bartspalter«) mit »a man much given to wenching«. Ein »Bartspalter« ist demnach jemand mit einer »starken Neigung zum Herumhuren«.

Weitere Euphemismen, die sich der »cunt« nur bis zur Schamhaargrenze annähern, sind z.B.

Bush – Busch – einfältig, phantasielos und weitverbreitet;

Cotton – Baumwolle – hellfarbig und watteweich;

Grass – frisches Grün;

Puff – je nach Kontext entweder ein Wattebausch oder, mit Oralsex-Assoziation, der mit Sahne gefüllte Windbeutel (s. unten *bread*).

Beaver – Biber – kann auch die Frau insgesamt bezeichnen und wird so auch gelegentlich von Frauen benutzt. Am harmlosesten und völlig asexuell ist »beaver« in der Bezeichnung »eager beaver« für eifrige Personen. Die sexuelle Bedeutung rührt wahrscheinlich daher, daß »beaver« eine bestimmte Art von Schnauzbart bezeichnete, »beaver« mithin das zweideutige »beard« verhüllen konnte; außerdem gehört der Biber zu den Pelztieren, und fast alles, was nur entfernt mit Pelz oder Fell zu tun hat, wird auch als Hüllwort für »cunt« benutzt; z.B.

Cat – Katze – ziemlich vulgär, kann auch aggressiv klingen;

Pussy und *Kitty* – eher niedlich; »Pussycat« ist ein süßlicher Kosename mit verschwiemelter, halbverdrängter sexueller Komponente.

Chinchilla und *Mink* (Nerz) – »beaver« der Sonderklasse;

Cony – ist das niedliche und pelzige Kaninchen und zugleich über das französische »con« eng mit »cunt« verwandt;

Fur – Pelz – eher ängstlich und tabubewußt;

Fur pie (Pelzpastete) und *Furburger* – starke Assoziation von »cunt« und Oralsex;

Squirrel – Eichhörnchen – klein und sehr beweglich.

Beauty spot – Schönheitsfleck oder Schönheitspflaster – bezeichnet eher die Klitoris; ebenso

Button – Knopf –, wobei die Assoziation des Hin-und-Her beim Knopfannähen gegeben ist, was zu weiteren Wortbildungen anregte, z.B.

Buttonhole – Knopfloch – für die Vagina,

Buttonhole worker – Knopflocharbeiter – für den Penis,

Buttonhole working dementsprechend für die *action* und

Button factory für den Puff.

Bird's nest – Vögel, vor allem die mit vorgerecktem Hals fliegenden wie

Störche, Kraniche, Enten, Gänse und Schwäne, sind seit unvordenklichen Zeiten und bei nahezu allen Völkern Penissymbole (s. *Birds*).

Bread – Brot – Sex und Essen, nach christlicher Tradition die Todsünden der Wollust und der Völlerei, gehören ebenfalls seit unvordenklichen Zeiten und bei allen Völkern untrennbar zusammen; im Umgangsdeutsch wird das unter anderem durch die Redewendung »jemanden zum Fressen gernhaben« ausgedrückt. »Eating pussy« ist eine gängige Bezeichnung für Cunnilingus, und in der englischen Übersetzung des »Kamasutra« ist »Eating the Mango« – die Mango essen – eine Bezeichnung für Fellatio. Andere kulinarische Bezeichnungen für die »cunt« sind z.B.

Cake – je nach Kontext nicht nur der »ass« (s. *Ass*); süßer als »bread«;

Crackling – knusprig gebratene Schwarte oder Geflügelhaut, zugleich eng verwandt mit »crack« – Spalte (s. unten »cleft«);

Jelly roll – Geleebrötchen; ähnlich

A bit of jam und *Muffin* – Plätzchen, Teegebäck;

Kitchen – Die Küche, der warme und gemütliche Zubereitungsort all solcher Kulinaria, ist als Zentrum der einen Todsünde besonders gut geeignet, das Zentrum der so eng verwandten anderen euphemistisch zu vertreten.

Ein weites Feld sind auch die Euphemismen aus dem Gebiet der Küchen- und Kochgeräte, wie z.B.

Butterboat – das Butterschälchen; das Penis-Pendant dazu ist *Butterknife* (s. oben unter *Cock*);

Fruit cup – die Fruchtschale, erinnert auch an den Apfel vom Baum der Erkenntnis;

Honey pot – der Honigtopf, beim Naschen wird der Finger hineingesteckt, es kann auch der elfte sein; gleiches gilt für die

Sugar bowl – die Zuckerdose;

Melting pot – Schmelztiegel; hier wird der »blue steeler« (s. oben unter *Cock*) wieder ganz weich;

Pan – Die Pfanne ist heiß und meist dunkelfarbig.

Busby – die Bärenfellmütze, wie sie etwa die Wache am Buckingham Palast trägt, verbindet das Pelzige (s. oben) mit der Vorstellung des Überstülpens,

Muff – der Muff ist ebenfalls pelzig, und was hineingesteckt wird, macht er mollig warm; eine Variante dazu ist

McMuff – Dabei wird die Verbindung zu den Produkten der Mac- bzw. Mc-Fastfood-Ketten hergestellt.

Cape Horn – Die Kaps dieser Welt zu umsegeln, gehört zu den größten und gefährlichsten Abenteuern, die einem Seemann begegnen können, und Kap Horn ist bekanntlich das gefährlichste Kap. Seine Eignung als Euphemismus für die »cunt« ergibt sich aus der Verbindung des Penis-Euphemismus »horn« (s. oben unter *Cock*) mit dem Euphemismus »cape« – Vorgebirge – für den Schamhügel;

Cape of Good Hope – Kap der Guten Hoffnung – ist eine Variante, die die Verbindung zur Schwangerschaft herstellt.

Cavern – die Höhle – ein uraltes, hochehrwürdiges Symbol, aus dem männlichen Blickpunkt etwas angstbesetzt,

Cleft – die Spalte – eng und ebenfalls ein bißchen beängstigend, ähnlich

Crack – die Ritze, ein sehr enger Spalt;

Cranny – ebenfalls eine Ritze, sehr eng zwar, aber nicht beängstigend; wahrhafte Snobs benutzen die Variante

    Hypogastric cranny

zum Hinweis auf die Position »unterhalb des Magens«;

Gap – eine Gebirgsschlucht – wahrhaft abenteuerlich;

Gash – eine klaffende Wunde – abstoßend und faszinierend zugleich;

Hole – kleiner als eine »cavern«, eher ein Loch, auch als Versteck geeignet, kann aber auch unangenehme Situationen beschreiben: »being in a hole« heißt »in der Klemme sitzen«; Varianten sind

Keyhole – das Schlüsselloch – und

Mousehole – das Mauseloch – beides Verbindungen mit den sehr alten und weitverbreiteten Penissynonymen »Schlüssel« und »Maus«;

Nook und *Nookie* – die Zimmerecke und der versteckte Winkel,

Notch – die Einkerbung; die Variante *Nautch* ist ein Wortspiel mit »naughty«, was je nach Kontext »unartig«, »ungezogen«, »nichtsnutzig« oder »unanständig« bedeutet – jedenfalls ist die Variante »nautch« *veddy, veddy british*;

Slit – ein Schlitz – reimt auf *Clit* – abkürzende Verhüllung von »clitoris«.

Chacha – gehört zu einer Reihe von Slangausdrücken, die oft aus anderen Sprachen ins amerikanische Englisch übernommen und mehr oder weniger stark abgewandelt wurden. Der Übergang zu Lautmalereien ist fließend, zumal die urprüngliche Bedeutung den wenigsten Sprechern bekannt sein dürfte, »chacha« z.B. ist im Spanischen »Mädchen« oder »Kindermädchen«, als Synonym für »cunt« funktioniert es aber wohl eher über die lautmalerische Andeutung der *action*; weitere Synonyme dieser Art sind z.B.

Chocha – eigentlich »Schnepfe«, im Deutschen und Englischen (snipe) ein Synonym für Prostituierte

Cooch, Coozy, Cuzzy – verbinden »cunt« mit »mooching« – herumstreunen, klauen oder schnorren – bzw. »oozy« – schlammig, schleimig – bzw. »fuzzy«- kraus, flaumig-flockig;

Cunny – vermeidet »cunt« durch Verniedlichen;

Futy und *Futz* – kommen über das Französische, Deutsche oder Jiddische;

Gigi, Giggy oder auch *Jing-Jang* – sind direkte Parallelen zu ähnlich lautenden Penis-Hüllwörtern (s. oben unter *Cock*).

Cherry – Kirsche – steht meistens mit Jungfräulichkeit im Zusammenhang (s. oben »cherry picker« unter *Cock*), so wird z.B. in einer Marienlegende erzählt, wie die schwangere Jungfrau Maria mit Josef durch einen Obstgarten geht und unter einem Kirschbaum plötzlich großes Verlangen nach Kirschen spürt; als Josef sich weigert, ihr auch nur eine Kirsche zu pflücken – sie hängen ihm zu hoch –, beugt sich der Baum vor der Heiligen Jungfrau nieder. Zum Hüllwort für »cunt« kam es wahrscheinlich durch die Ähnlichkeit der Form;

Plum – die Pflaume – hat ebenfalls große Ähnlichkeit mit den äußeren Schamlippen;

Beide – cherry und plum – gehören außerdem als süße Früchte auch zu den kulinarischen Euphemismen von »cunt«.

Crack of heaven – Himmelsspalte – zwar eng, aber der Eintritt wird himmlisch belohnt; himmlische Freuden, Vergnügen oder doch wenigstens Zufriedenheit versprechen außerdem z.B.

Gate of Paradise – die Paradiesespforte;

Garden of Eden – das Paradies selbst; aber auch »garden« allein ist ein weitverbreitetes »cunt«-Synonym, Ausdrücke für die Garten- und Feldarbeit sind seit unvordenklichen Zeiten Synonyme fürs Ficken; im Koran etwa ist die Frau ausdrücklich der Acker, den der Mann bestellt; eine Variante ist z.B.

Pleasure garden;

Hole of contentment – die Höhle der Zufriedenheit;

Holy of holies – das Allerheiligste – mit deutlicher Anpielung auf »hole« gebildetes Synonym (s. oben unter »cavern«); die im Allerheiligsten deponierten trockenen Stäbe Aarons (s. oben »Aaron's rod« unter *Cock*) und des heiligen Josef beginnen zu saften und zu sprießen.

Eye – eine Parallele zu »one eyed« bei Penissynonymen (s. oben unter *Cock*); Varianten sind *Middle eye* und *Pink eye*.

Fern – Farnkraut – dichter Wuchs an feuchten und dunklen Orten; ähnlich sind

Parsley patch – Petersilienbeet, wobei auch der Ruf der Petersilie als traditionelles Abtreibungsmittel oder die Petersilienwurzel als altes Penissymbol eine Rolle spielen könnten;

Shrubbery – Gebüsch – mit Anklängen an »to scrub« – bürsten, schrubben;
> *To take a trip through the fern / parsley patch / shrubbery*

ist dementsprechend eine Verhüllung der *action*.

Fireplace – Kaminofen – der Platz, an dem sich der Liebhaber erhitzt – ein sehr altes Synonym; ähnlich auch

Furnace mouth – Ofenklappe oder Öffnung der Backröhre – und

Oven – Hier kommt zusätzlich noch die ebenfalls sehr alte Vorstellung vom »Kinder backen« dazu. »Das Brot in den Ofen schieben« war in ganz Europa eine alte und gängige Bezeichnung fürs Vögeln.

Front door – Parallelbildung zu »backdoor« für den Anus, ähnlich

Front parlour – Vorderstübchen – als Parallelbildung z.B. zu »back porch« – hintere Veranda,

Forecastle – das Vorschiff – eine seemännische Variante; im Vorschiff schläft auch die Mannschaft.

Grummet – eine seemännische Variante zu *Ring* (s. unten), deutsch »Gattchen«, der Metallring zur Verstärkung von Ösen im Segel.

Inn – die Gastwirtschaft, in der man es sich wohlsein läßt, wo es »merry« (fressen-saufen-vögeln – s. oben »merrymaker« unter *Cock*) zugeht; klingt außerdem wie »in!« – hinein! – Varianten sind z.B.

Cock inn – s. oben unter *Cock*;

Holiday Inn – eine luxuriösere »cunt«;

Snack bar, Coffee shop und *Deli* – betonen den oralen Aspekt.

John Hunt – funktioniert über das Penissynonym »John« (s. oben unter *Cock*), »hunt« – der Ort, an dem man herumlungert, und über den Reim auf »cunt«, ähnlich wie z.B. »cobbler's awls« auf »balls« (s. oben *Balls*).

Lady Jane – ist die »cunt«-Parallele zum Penissynonym »John Thomas« (s. oben unter *Cock*), wird auch gelegentlich zu »Lady« oder »Jane« verkürzt; Ableitungen sind z.B. »Ladyflower« oder »Ladystar«. Populär wurde dieses »cunt«-Synonym durch D.H. Lawrences »Lady Chatterley's Lover«, ihr Liebhaber, der Naturbursche Mellors, nennt Lady Constance Chatterley und ihr »cunt« so.

Love canal und **Love tunnel** – Abenteuer und Reise mit leicht ingenieurhaften Aspekten.

Low Countries – die unteren Länder – ein tabubewußtes Ausweichen ins Geographische; ähnlich

Netherlands – die Niederlande – nicht sehr freundlich gegenüber den Holländern.

Monosyllable – das Einsilbige [Wort] – Tabuverdrängung in besseren und gebildeteren Kreisen, sehr snobistisch, ungemein britisch: Das Wort »cunt« wird nur bezeichnet, bleibt aber vielsilbig ungenannt; Varianten sind z.B.

Bawdy Monosyllable – das obszöne Einsilbige – eine spätbarocke Bildung;

Divine Monosyllable – das göttliche Einsilbige – edwardianisch dekadent; andere Versuche, das Unaussprechliche nicht auszusprechen, sind z.B.

The Nameless – die Namenlose;

The Undeniable – die Unleugbare, die »cunt« ist nun einmal selbst bei viktorianischen Damen vorhanden;

The You-Know-What – du weißt schon, ich sag's aber nicht, und natürlich *The Thing* – der lieblose Gipfel an phantasieloser Verdrängung.

Quim – wahrscheinlich ein sehr altes Hüllwort für die »cunt« und eins der vielen four-letter-words, die James Joyce in seinem »Ulysses« literaturfähig gemacht hat; das »Oxford English Dictionary«, in dessen erster Auflage das Wort noch nicht erscheint, leitet es von dem mittelenglischen Wort »queme« ab mit den Bedeutungen »jemandem zum Gefallen handeln«, »bequem oder passend sein« und »hineinschlüpfen«.

Receiving set – Aufnahme-Apparatur – zeugt von einer sehr mechanistischen Auffassung.

Ring – ein sehr altes und ehrwürdiges Symbol, schon in der Spätantike kommt es aber auch bereits in Schwankgeschichten vor; in einer von Boccaccio im »Decamerone« nacherzählten Fassung streift der Teufel dem schon etwas älteren, wieder verheirateten Ehemann, der sich um die Treue seiner jungen Frau Sorgen macht, im Schlaf einen Ring über den Mittelfinger und versichert ihm, daß seine Frau ihn niemals betrügen werde, solange er diesen Ring nicht abstreife. Als er erwacht, erkennt er, daß sein Mittelfinger – englisch auch »the fool's finger« (der Narrenfinger) – in der Möse seiner Frau steckt.

Snapper – die Zuschnappende – ein Ausdruck männlicher Angst vor der »cunt«; ähnlich

Snatcher oder *Snatch* – Hier wird das beste Stück weggeschnappt;

Venus flytrap – Die Venusfliegenfalle lockt das Insekt erst mit honigsüßen Versprechungen an, dann schnappt sie zu.

Treasure – der verborgene Schatz, zu dem der Schatzsucher durchdringen muß, gegebenenfalls auch bis in

Aladin's Cave.

Twat – wie »quim« ein sehr altes Hüllwort für die »cunt«, die ursprünglichen Bedeutungen waren wahrscheinlich »Schneise«, »Waldlichtung« oder auch »Schnitt« oder »Riß«.

Vertical smile – ein Wort der Peepshow-Ära.

The Y – Die Y-Form findet sich neben der V-Form bereits auf den alleräl- testen erhaltenen Zeugnissen menschlicher Bildnerei – außerdem fragt das Y »Warum?« (Why?).

Fuck

Anders als bei »cunt«, deren Wortwurzeln bis in graue Vorzeiten zurückreichen (s. oben *Cunt*), ist die Herkunft von »fuck« unsicher. Im »Oxford English Dictionary«, das es erst ins Supplement von 1972 aufnimmt, vermutet der Bearbeiter eine mittelenglische Form »fuken«, die aber nirgendwo belegt sei; die weitere Etymologie sei unbekannt, und eine Verwandtschaft mit dem gleichbedeutenden deutschen Wort »ficken« könne nicht erwiesen werden. Nun stimmt es wohl tatsächlich, daß eine zweifelsfreie etymologische Ableitung von »fuck« nicht existiert und mithin eine ursprüngliche Grundbedeutung nicht angegeben werden kann, dafür kommen aber eine ganze Reihe sozusagen illegitime »Wort-Verwandten« ins Spiel, Wörter, die ähnlich klingen und ähnliches bedeuten oder als verhüllende Euphemismen taugen. So entspricht etwa dem deutschen »fügen« das altenglische »fœgan« – (ein-)passen, verbinden; die Intensivbildung zur Bezeichnung besonders heftigen oder wiederholten Verbindens oder Einpassens müßte »foccan« oder auch »fuccan« lauten. Das Fehlen eines solchen Wortes in den alten Quellen bedeutet nicht, daß es nicht zum Wortschatz der alten Angelsachsen gehört hat.

Mittelenglische Quellen überliefern ein Wort, das »fiken«, »fekelen«, »fikelen«, »fikien« oder »fekien« geschrieben wird und unter anderem schnelles oder unruhiges Bewegen, aber auch freundliches Kopfnicken oder (bei Hunden) Schwanzwackeln und übertragen Schmeicheln bedeuten kann. Im neueren Englisch entspricht dem das veraltet klingende Wort »fickle« – wechselhaft, launisch, schwankend, unsicher... – sehr british in »Fate's fickle finger« (des Schicksals wenig verläßlicher Finger). Diese Hin-und-Her-Wörter könnten auf eine Intensiv- oder Frequentivbildung von »fegen« (altsächsisch »vegon«) zurückgehen, womit dann wohl doch eine Verwandtschaft mit dem deutschen »ficken« gegeben wäre. Zur englischen Verwandschaft zählt möglicherweise noch »fidget« – herumzappeln, nervös herumspielen. Denkbar wäre auch eine Verwandtschaft mit dem spätlateinischen »focare« – einen Ofen anheizen; sicher ist jedenfalls das deutsche Wort »[an-]fachen« damit verwandt, und die Geräte, meistens

Blasebälge, manchmal auch Wedel (Fächer), die den Wind zum Anfachen des Feuers erzeugten, hießen mundartlich »Focher«, »Fechel«, »Focker« oder »Fucker« – hier käme die Vorstellung vom »Kinderbacken im Ofen« (s. oben »oven« unter *Cunt*) mit dem Hin-und-Her bzw. Auf-und-Ab des Blasebalgs oder Wedels zusammen. Die gleichbedeutenden Wörter der romanischen Sprachen, das französische »foutre« und das italienische »fottere«, klingen zumindest ähnlich, zumal »k« und »t« sprachgeschichtlich miteinander abwechseln können. Beide sind vom lateinischen »futuere« oder »fottuere« abgeleitet, das »ficken« oder »herumhuren« bedeutet und an das griechische »phuteuein« (φυτευειν) – pflanzen, hervorbringen, zeugen (bezogen auf den Vater) bzw. gebären (bezogen auf die Mutter) – anklingt.

Verwandt könnte schließlich auch eine Wortfamilie aus Europas Nordwesten sein, der u.a. das deutsche »Fock(-segel)« entstammt, und das mittelniederländische »fokken« mit der Bedeutung »stoßen«, besonders »ein Schiff vom Land stoßen«. Im Mittelniederdeutschen ist »focken« das Segeln mit der Fock. Die im Englischen zur Shakespearezeit belegte Bezeichnung »windfucker« bzw. »fuckwind« für den Turmfalken könnte durchaus zum Segeln oder Treibenlassen im Wind passen. In einer im »Oxford English Dictionary« zitierten Quelle (»Nashes Lenten stuffe«) von 1599 heißt es dazu:

The Kistrilles or windfuckers that filling themselues with winde, fly against the winde euermore.

(Die Turmfalken (kestril) oder »Windfucker«, die sich mit Wind (=Luft) füllen, fliegen ständig gegen den Wind.)
Das »Voller-Luft-Sein«, das einen »windfucker« dazu befähigt, gegen den Wind zu fliegen, machte »windfucker«, auf einen Menschen bezogen, zu einer stark herabsetzenden Beleidigung, die etwa dem deutschen »Windei« oder »Windbeutel« entspricht.

Für nicht verwandt halten die Sprachforscher (aber was heißt das schon) eine Wortfamilie, die im badischen und aargauischen Dialekt in den Wörtern »Ficke« – (Hosen-)Tasche – und »(ein-)ficken« – (in die Hosentasche) einstecken – überlebt hat. Zur selben Familie gehörten das englische »pocket« – Tasche – und das deutsche »Fach« und »ausfachen« – einen Hohlraum ausfüllen. Die nähere Beschreibung der »windfucker«, nämlich daß sie sich mit Wind füllen, könnte durchaus darauf hindeuten, daß auch

»Ficke« bzw. »(ein-)ficken« und »fucker« bzw. »fuck« einen gemeinsamen Ahnen haben.

Die frühesten schriftlichen Belege für »fuck« stammen erst aus dem 16. Jahrhundert. In einer im »Oxford English Dictionary« zitierten »Satyre« heißt es z.B. über den hohen Clerus:

Bischops ... may fuck thair fill and be vnmaryt,

was ganz der traditionellen Sichtweise entspricht: Bischöfe können soviel ficken, wie sie wollen, ohne verheiratet zu sein. Damals wurde das Wort wohl auch schon als grob empfunden, hatte womöglich aber noch eine andere Grundbedeutung als heute – z.B. »stoßen« oder »heftig ineinanderfügen« oder etwas Ähnliches. In John Florios »Worlde of Wordes«, einem italienisch-englischen Lexikon von 1598, steht es jedenfalls zur Erläuterung des italienischen »fottere« zwischen lauter anderen »übertragen« gebrauchten Wörtern (zitiert nach dem »Oxford English Dictionary«):

Fottere, to iape, to sard, to fucke, to swive, to occupy,

alles Wörter, die entweder im Englischen nicht mehr gebräuchlich sind, wie »to sard« – (Löcher) flicken – oder »to swive« – schwenken, oder bei denen wohl kaum noch jemand auf die Idee käme, sie als Synonyme für »fuck« zu benutzen: »to jape« steht ein bißchen altertümlich für »Spaß machen«, »verulken«, »einen Streich spielen«, »reinlegen«, und »to occupy« (z.B. besetzen, besitzen, in Anspruch nehmen) hat nicht mehr den geringsten Beigeschmack von Sex.

Schon Shakespeare empfindet es offenbar als so stark tabuisiert, daß er es wortspielerisch verhüllt, wie z.B. in »The Merry Wives of Windsor« (zu »merry« s. oben »merrymaker« unter *Cock*); da examiniert der ebenso dumme wie eitle und geile walisische Pastor Sir Hugh Evans einen Schüler in der Deklination der Pronomina hic haec hoc (dieser, diese, dieses), indem er die Fälle abfragt. Dabei gelangt er schließlich auch zum sogenannten 6. Fall, dem Vocativ, was schon insofern lächerlich ist, als es sich dabei eigentlich gar nicht um einen Fall wie etwa Nominativ oder Genitiv, sondern um eine Anredeform handelt. Darüber hinaus veralbert Shakespeare eine Besonderheit der walisischen Orthographie, nach der statt eines englischen V oft F geschrieben wird, und so redet der dumme Pastor Evans von »focative« daher, etwa in einem englisch-lateinisch verstümmelten Merksatz aus der Schulgrammatik:

Focative is caret – Der Vocativ fehlt (den Pronomina).

Dazu der Kommentar der frechen Mistress Quickly:

And that's a good root!

Das »foc« aus »Focative« läßt das lateinische »caret« (fehlt) ganz ähnlich wie »carrot« (Karotte, Möhre) klingen, und das gehört ebenso wie »root« (Wurzel) zur unüberschaubaren Menge der Penis-Hüllwörter (s. oben *Cock*).

Spätere Belege in öffentlich zugänglichen Druckwerken, von Wörterbüchern abgesehen, gibt es kaum; in Privatdrucken für spezielle Leserkreise dagegen wird das Wort häufig gebraucht (s. auch oben unter *Cunt*). Die Vertreibung aus den Wörterbüchern beginnt erst 1755, als der große Dr. Samuel Johnson das Wort nicht mehr in sein »Dictionary of the English Language« aufnimmt; ihm folgen alle anderen bis weit über die Mitte des 20. Jahrhunderts hinaus. Selbst Captain Francis Grose traut sich in seinem 1785 zum erstenmal erschienenen »Classical Dictionary of the Vulgar Tongue« nicht mehr, das Wort zu drucken, sondern behilft sich mit der Schreibung »F—k«, die auch in den beiden folgenden Ausgaben von 1788 und 1796 beibehalten wird. In der revidierten Ausgabe von 1811 unter dem Titel »Lexicon Balatronicum« (etwa: »Vulgärsprachliches Lexikon«) ist der ganze Artikel gestrichen. Der schottische Dichter Robert Burns (1759 – 1796) ist der letzte, der das Wort noch ganz offen und sozusagen in aller Unschuld gebraucht; nach ihm trauen sich, mehr als ein Jahrhundert später, erst Autoren wie James Joyce und D.H. Lawrence damit wieder an die Öffentlichkeit.

In England werden »fuck« und »cunt« 1857 zusammen mit anderen als obszön empfundenen Wörtern durch den »Obscene Publications Act« und in Amerika 1873 durch den »Comstock Act« gebannt. Selbst wissenschaftliche Veröffentlichungen werden konfisziert und gegebenenfalls verbrannt, wenn sich darin auch nur eins der inkriminierten Wörter findet. Das mehrbändige Lexikon »Slang and Its Analogues« von Farmer und Henley von 1893 wird in jedem Band ausdrücklich als »For Subscribers Only« ausgewiesen, weil darin neben anderem Verbotenen auch die Artikel über »fuck« und »cunt« stehen. Überall sonst, wo diese Wörter nicht durch druckfähige Synonyme oder durch Umschreibung verhüllt werden können, behelfen sich die Drucker und Verleger mit Schreibweisen wie »c—t« oder »c**t« bzw. »f—k« oder »f**k« oder gar »——« bzw. »****«, wenn aus dem Kontext hervorgeht, was gemeint ist. So heißt es z.B. in der Ausgabe von 1911 der »Merry Muses of Caledonia« von Robert Burns:

You can f—k where'er you please

Burns hatte das in den 90er Jahren des 18. Jahrhunderts noch ganz ungestrichelt geschrieben. James Joyces »Ulysses« (in den USA bis 1934, in England bis 1960) und alle Werke von D.H. Lawrence (in den USA bis 1959, in England bis 1960) durfte die englischsprachige Welt auch dieser Wörter wegen jahrzehntelang nicht lesen. Und selbst als die Gerichte nach dem Zweiten Weltkrieg liberaler zu urteilen begannen, gab es immer noch viele Verleger, die das Wort »fuck« und erst recht »cunt« scheuten. Manche Autoren behalfen sich deshalb mit der Erfindung gleichklingender Wörter; so machte Norman Mailer 1948 beim Erscheinen seines Romans »The Naked and the Dead« (deutscher Titel »Die Nackten und die Toten«) auch dadurch Furore, daß er das Four-Letter-Word »fuck« durchgängig in ein neues Three-Letter-Word »fug« verwandelt hatte. Erst 1951 konnte James Jones in seinem Welt-Bestseller »From Here to Eternity« (deutscher Titel »Verdammt in alle Ewigkeit«) bei seinem Verleger eine gewisse Anzahl voll ausgeschriebener »fucks« durchsetzen; das Originalmanuskript soll ungefähr die fünf- bis sechsfache Menge enthalten haben – der Roman spielt unter Soldaten, und die benutzen das Wort nun einmal sehr häufig; die ebenfalls im Manuskript vorkommenden »pricks« (s. oben unter *Cock*) und »cunts« jedoch mußte er alle streichen. In der Verfilmung von 1953 (mit Burt Lancaster, Montgomery Clift, Frank Sinatra, Ernest Borgnine und Deborah Kerr in den Hauptrollen) kommt kein einziges »fuck« vor, von »cunt« und »prick« ganz zu schweigen. Dafür sorgte der »Motion Picture Production Code« (MPPC), demzufolge in Hollywoodfilmen der 50er Jahre selbst frischverheiratete Jungehepaare nur dick eingemummelt und in getrennten Betten schlafend dargestellt werden durften.

Die ersten modernen Wörterbücher des Englischen, die das Wort »fuck« enthielten, waren »The Penguin Dictionary« von 1965 in England und »The American Heritage Dictionary« von 1969 in Amerika, allerdings gab es dort parallel noch eine gereinigte Fassung, die »Clean Green Edition«, hauptsächlich für die Schul- und College-Bibliotheken im »Bible-Belt« des Südwestens.

Anwendungsbeispiele

Anders als etwa das Deutsche »ficken«, das zwar früher einmal einen weiten Bedeutungsumfang hatte und nach dem Wörterbuch der Brüder Grimm »reiben«, »jucken«, »kratzen«, aber auch »(mit Ruten) schlagen« heißen konnte, heute aber nur noch »das eine« bezeichnet, ist »fuck« im gesamten angelsächsischen Kosmos zu einem Wort für alle Gelegenheiten mit einer Unzahl von kontextabhängigen Bedeutungsnuancen geworden. In grober Sprache und unter Kumpeln verliert es durch inflationären Gebrauch seine eigentliche Bedeutung fast vollständig; dennoch bleibt es ein Tabuwort, das in einigermaßen zivilisierter Umgebung zu benutzen äußerst ordinär wäre.

Fuck! – Je nach Tonfall und Situation kann der Ausruf nahezu alle Emotionen einer gewissen Stärke ausdrücken. Vor allem bei Sprechern mit eingeschränktem Wortschatz ist die auslösende Emotionsschwelle sehr niedrig; sie reagieren oft schon beim Eintritt eines nur milde überraschenden Ereignisses mit einem erfreuten, verärgerten oder auch nur erstaunten »Fuck!« Meistens überwiegt aber die aggressive Komponente von »Fuck!«, und es wird zur Abwehr, aus Verärgerung und Wut, bei starker Enttäuschung oder Frustration gebraucht,

Holy fuck! – ist eine Verstärkung.

(the) Fuck – bedeutet in Wort und Schrift eher seltener »das eine« – um einem Partner vorzuschlagen,

Come, let's have a fuck!,

muß man sich schon sehr genau kennen. Gerade in intimen Situationen werden sehr viele, besonders jüngere und in Gruppen auch verbal wagemutige Menschen plötzlich sehr prüde, was die Wortwahl angeht, während im Schutz der Gruppe eine Äußerung wie etwa

There's nothing like a nice fuck after dinner

unabhängig vom Geschlecht der sprechenden Person ganz schön »cool« wirken kann. Natürlich wird »the fuck« (oder »fucking«) auch mit allen möglichen Attributen verbunden, wie z.B. in einem berühmt gewordenen »Playboy«-Interview mit Paul Newman; er unterscheidet

Hate fuck – wenn man sich eigentlich nicht ausstehen kann,

Mercy fucking, which would be reserved for spinsters and librarians – also ein »Gnaden-Akt«, speziell für alte Jungfern und Bibliothekarinnen reserviert,

Medicinal fuck, which is »Feel better now, sweetie?« – die medizinische Einstellung, in der Art »Is's jetzt besser, Schatz?«

Prestige fuck – nur weil's eine Prominente / ein Prominenter ist, *Sport fucking* – mit Hervorhebung des Leistungscharakters.

Sehr viel öfter ist »(the) fuck« ein in sich bedeutungsloses, die aggressive Wirkung eines Satzes verstärkendes Partikel, z.B.

> *What the fuck are you gassing about?* – Worüber laberst du da eigentlich?

oder

> *What the fuck do you think you are?* – Was bildest du dir eigentlich ein?

Wenn jemand schrecklich herumtrödelt:

> *Come on, for fuck's sake!*

Ein Satz, der um einige Zehnerpotenzen aggressiver ist als die Urform mit »... for God's sake!«

Die passende Entsprechung zum deutschen »(Das) ist mir total schnurz!« wäre

> *I don't give a fuck (about that)!*

Oder noch einmal verstärkt:

> *I don't give a flying fuck!*

In zivilisierter Gesellschaft sagt man besser:

> *I couldn't care less!*

to fuck – wird wie das Substantiv »(the) fuck« viel öfter in übertragener als in seiner eigentlichen Bedeutung gebraucht, z.B.

to fuck (with) someone – heißt meistens: jemanden schikanieren, ausbeuten oder betrügen; die Aggressivität hängt vom Kontext ab; ein Satz wie z.B.

> *Fuck me gently!*

läßt sich am passendsten mit »Nimm Rücksicht!« ins Deutsche übertragen und ist in allen Alltagssituationen anwendbar, etwa wenn der Partner das Radio zu laut stellt oder der Handwerker einem klarmachen will, daß die Reparatur um einiges teuerer kommen wird als ursprünglich angenommen.

Fuck-a-duck! oder *Fuck-a-dog!* – kann eine besonders brutale Verstärkung des Ausrufs »Fuck!« sein oder die ebenfalls sehr brutale Aufforderung zu verschwinden:

> *Go fuck-a-duck!*

Gleichbedeutend sind u.a.

Fuck-it! oder *Fuckit!* oder *Fuck off!*, eine Variante zu *Piss off!*, oder *Fuck yourself!*

Lästige Einwände oder Bedenken wischt der Macho mit

> *Fuck that!*

beiseite, das Deutsche »Pipifax!« ist nicht annähernd von vergleichbarer Aggressivität. Im Soldatenslang gibt es dazu die Spezifizierung

FTA – die Abkürzung für *Fuck The Army!* –, in Vietnam die passende Antwort für jemanden, der tatsächlich glaubte, die US-Army würde es schon richten.

Fuck you! ist eine verstärkende Variante zu *Damn you!* – beides nicht wörtlich in Deutsche zu übersetzen; der Beschimpfungsstärke und dem Aggressionpotential nach ist »Du Arschloch!« einigermaßen adäquat.

to fuck around oder *about* – Herumlungern oder Unsinn anstellen, z.B. in

> *Stop fucking around, and get down to work!* – Hör auf mit dem Quatsch ,und fang endlich an, was zu tun!

to fuck someone around – jemanden schikanieren, herumschicken.

to fuck someone over – jemanden verprügeln.

to fuck (around) with something – eine Sache ruinieren oder damit herumspielen, z.B. in

> *Would you please stop fucking (around) with my tools!* – Hör jetzt bitte auf, mit meinem Werkzeug rumzuspielen!

to fuck something up – ein komplettes Chaos anrichten.

to be fucked – je nach Kontext: am Ende / völlig erschöpft / pleite sein, z.B.

> *He put all his hopes and funds on this guy who promised to grow Ananas in Alaska, and now he is fucked*

faßt das Schicksal eines Menschen in Worte, der all seine Hoffnungen und sein Geld in einen Betrüger investiert hat.

fucking – Diese Verbform ist ein Allzweckverstärker in starken Sprüchen, oft, aber nicht immer, mit aggressiver Tendenz; in aggressiven Wendungen ersetzt es meist das etwas schwächere und ein bißchen veraltet klingende »damn«. Wer seinen alten Kumpeln einen neuen vorstellt und dabei ganz klarmachen will, daß der Neue absolut in Ordnung ist, sagt z.B.:

> *He is fucking-A OK.*

Wer unter harten Männern von seinem Urlaub sagt:

> *I had a fucking good time!,*

muß damit nicht das geringste über sein Geschlechtsleben während des Urlaubs sagen; er gibt nur ganz allgemein zu erkennen, daß er sich glänzend amüsiert hat. Gelegentlich und bei ganz harten Burschen verstärkt »fucking« auch gar nichts mehr, sondern drückt nur noch eine Stimmung oder Haltung aus: die des ganz »coolen«, durch nichts zu erschütternden Machos:

> *I came to this fucking town and went to that fucking bar. But I found out, that it was fucking full of fucking jerks. So I went to another fucking bar and had a fucking couple of beer. Afterwards I found me a fucking piece of ass. We went to a fucking motel where we rented a fucking room and did the fucking thing.*

Weder die Stadt noch die Bars, noch die Kunden darin, noch die Frau, noch das Motel, noch das Motelzimmer findet der Gute bemerkenswert, und erst recht nicht, daß sie »es machten« (»we ... did the thing«, nicht etwa »we ... fucked«) – es ist ihm alles einerlei.

FNG – ist im Militärslang »der Neue« – ein *Fucking New Guy* – ist so »neu«, daß er noch nicht einmal merkt, wie ahnungslos er ist.

Das deutsche »Na und!« ist im Slang

Big deal! – wörtlich etwa »Riesengeschäft!«; mit »fucking« läßt es sich zu *Big fucking deal!* – oft abgekürzt zu *BFD* – steigern:

> *So you've been mentally abused by your parents? BFD! Haven't we all!*

paßt, wenn jemand seine Macken immer wieder nur auf seine angeblich von den Eltern verpfuschte Kindheit schiebt.

Zur Abwehr einer Zumutung, kann ein kurzes

> *No way!* – Kommt nicht in Frage!

ausreichen. Stärker und aggressiver ist

> *No fucking way!*;

was auch hinter dem Akronym *NFW* versteckt oder zur Verdeutlichung *November, Foxtrott, Whiskey* nach internationalen Regeln buchstabiert werden kann; sollte der zudringliche Zeitgenosse immer noch nicht begriffen haben, ist die weitere Steigerung

> *Abso-fucking-lutely no way!*

Der Einbau in das zu verstärkende Wort funktioniert überall, deshalb nur ganz wenige Beispiele:

Impossible! – Unmöglich! – zu *Im-fucking-possible!*

Jesus Christ! – im Deutschen eher »O Mann!« – zu *Jesus-fucking-Christ!*
Unbelievable! – Unglaublich! – zu *Un-fucking-believable!*

Zusammensetzungen und Ableitungen, bei denen eindeutig nur von Sex die Rede ist, in wenigen Beispielen:

Ass-fuck – Analverkehr sowohl hetero- als auch homosexuell; Varianten sind z.B.
Butt-fuck und *Bumfuck.*

Bunny-fuck – heterosexueller Schnellverkehr.

Dry fuck oder **Dry run** – nach dem Vorbild von z.B. »dry swimming lection« (Trockenschwimmübung) gebildete Bezeichnung für alle Arten von berührungslosem Sex bis zum Orgasmus, also beispielsweise für Telefonsex (»ear-sex«).

Fast-fuck – wie »bunny-fuck«, aber mit Anspielung auf »fast-food«.

Finger-Fuck – bezieht sich gewöhnlich nur auf Frauen;
Sometimes girls like it better to get finger-fucked
kann für manchen Macho, der stolz auf seinen »blue steeler« (s. oben unter *Cock*) ist, eine ernüchternde Erfahrung sein. Bezogen auf Männer, wäre das entsprechende Wort z.B. »diddle« oder »stroke«:
Sometimes A. likes simply to get diddled (stroked).

Fist-Fuck – Fast immer ist die Sexualpraktik (Faust in den Anus) unter homosexuellen Männern gemeint;
Fucking one's fist dagegen ist eine der unzähligen Bezeichnung für männliche Masturbation, z.B.:
A. went to this club only to find himself a piece of ass to get some action, but he ended up lonely in his motelroom fucking his fist.

Fuckathon – unter Collegestudenten wirklich sehr lang während er und erschöpfender Verkehr.

Fuck bunny – ein ziemlich verächtlicher Ausdruck für ein Mädchen, dem häufiger Partnerwechsel unterstellt wird.

Tongue-fuck – Cunnilingus, aber auch Verbalsex (»ear-sex«).

Zusammensetzungen und Ableitungen, die (fast nur) in übertragener Bedeutung vorkommen, in einigen besonders häufig verwendeten Beispielen:

Bullfuck! – eine brutale Verstärkung von »Bullshit!« (s. oben *Bullshit*).

Cluster fuck – aus dem Soldatenjargon: eine völlig chaotische Situation.

Fucker – kann je nach Kontext rauh, aber herzlich oder sehr aggressiv klingen, z.B.

Hey you old fucker! How's it going?
drückt unter Machos einfach nur Zugehörigkeit aus, meist ist »fucker« dann fest mit »old« verbunden;
Tell that fucker to get the hell out of here!
ist dagegen mindestens so aggressiv wie: »Sag dem Arsch, er soll hier ja verschwinden!«

Seltener wird das Wort auf eine Frau bezogen, dann geht es eindeutig immer um Sex:
She's a real fucker!
ist die meist anerkennende Beschreibung einer Frau, die nicht viel Umstände macht und mit Eifer bei der Sache ist.

Sehr selten wird »fucker« auch als Synonym für den aktionsbereiten Penis gebraucht.

Fuckup bzw. **Fuck-up** und **Fucked up** – bedeutet im weitesten Sinn »Chaos«, »Mißerfolg«, »chaotisch«, »kaputt«, »außer Funktion« bei Dingen und »kaputt«, »fertig«, »unfähig« oder »Chaot« bei Personen; bei dringendem Urlaubsbedarf z.B. paßt:
Holy shit, am I fucked up! I need a vacation immediately! – Mann, bin ich fertig! Ich brauch' jetzt sofort Urlaub!

Aus dem Militärjargon ist eine ganze Anzahl von Akronymen in die (vor allem amerikanische) Alltagssprache gelangt, die auf »fuck-up« aufbauen, z.B.:
COMMFU – Completely Monumental Military Fuckup – komplett monumental-militärischer Mißerfolg bzw. ... Chaos (mit Anspielung auf Kung-Fu);
FUBAR – (gesprochen etwa »fuhbar«) Fucked-Up Beyond All Recognition – so kaputt (durcheinandergewürfelt, verschandelt, ...), daß man es nicht wiedererkennt; möglicherweise bei amerikanischen Soldaten in deutschen Garnisonen aus »furchtbar« entstanden;
FUBB – (auch buchstabiert) Fucked-Up Beyond Belief – ... nicht zu glauben;
FUMTU – Fucked-Up More Than Usual – ... mehr als sonst;
GFU – (fast immer nur buchstabiert oder »G-Fuh«) General Fuck-up – allgemeines Chaos;
JAAFU – (meist »J-Double-A-Fuh«) Joint Anglo-American Fuck-Up – beteiligt sind die Vettern diesseits und jenseits des Großen Wassers;

SAMFU – Self-Adjusting Military Fuck-Up – stellt sich als militärischer Selbstläufer ein;

SAPFU – Surpassing All Previous Fuck-Ups – übertrifft alles bisher Dagewesene:

SNAFU – Situation Normal All Fucked-Up – Situation so wie immer: alles total chaotisch;

SUSFU – Situation Unchanged Still Fucked-Up – ein Zeichen von Kontinuität;

TARFU – Things Are Really Fucked-Up – so kann's gehen;

TUIFU – The Ultimate In Fuck-Ups – der Gipfel.

Mindfuck – Gehirnwäsche, im Jargon der Drogenszene ein »schlechter Trip«, dementsprechend

to get mind-fucked – sein Hirn durch Drogen zerstören – und

Mindfucker – eine als besonders gefährlich und in ihren Wirkungen unangenehm geltende Droge.

Die Wörter gelten darüber hinaus für alles Manipulierende (z.B. Reklame, Videoclips) und alle Manipulierer (z.B. Politiker, Lehrer, Psychiater). Wenn ein Macho auf einmal anfängt, sich wie ein zivilisierter Mensch zu benehmen, nachdem er endlich eine feste Freundin gefunden hat, kann das bei seinen alten Kumpeln sehr wohl »mindfuck«-Verdacht auslösen.

Motherfucker – die äußerste und brutalste Verstärkung des aggressiven Gebrauchs von »fucker« (s. oben); das Wort gilt als ausgesprochen »schwarz«; der »Ghetto«-Effekt wird oft durch Schreibweisen wie z.B.

Muh-fuh, Mofo, oder *Muthuhfuckuh*

noch verstärkt; die Abkürzung »M.F.« wirkt kaum weniger brutal, sie ist in den Militärjargon z.B. mit

REMF (gesprochen etwa »ri-mef« oder »ri-em-ef«) für *Rear-Echelon Mother Fucker* eingegangen, den weit hinter der Front sicher und warm sitzenden »Etappenhengst«.

Rat-fuck – wie »cluster fuck« aus dem Militärjargon für Aktionen oder Projekte, die von Anfang an zum Scheitern verurteilt sind.

Ausgewählte Synonyme

Fast alle Synonyme betreffen nur den Sex-Aspekt von »fuck«, fast alle sind gleichermaßen ordinär und sind als obszön tabuisiert, nur wenige verhüllen, und noch weniger können »fuck« auch in einigen Redewendungen mit übertragener Bedeutung ersetzen. Die folgenden Beispiele sind nur ein winziger Ausschnitt aus dem aktiven Vokabular.

Action – verhüllt das Besondere durch das Allgemeine.

to ball – s. *Balls*

Bang – aggressiv und ordinär mit großmäuliger Assoziation der *action*-Geräusche zum Lärm von Schlaginstrumenten, besonders in der Variante *Gang-bang* – meist als Macho-Ausdruck für die Vergewaltigung durch mehrere Männer gebraucht, kann aber auch höchste Anerkennung für die sexuellen Leistungen einer Frau ausdrücken, z.B. kleidet

> *She's a great fucker! And when she's got a mind, she'll invite a whole football team for a gang-banging session*

die Bewunderung in eine Männer-Phantasievorstellung, nach der die Betreffende, wenn sie in Stimmung ist, gleich eine ganze Football-Mannschaft verbraucht.

Belly ride – der Ritt auf dem Bauch – sportlich verniedlichend, ein wenig kindlich.

Bob – betont das Auf-und-Ab; mit

Boogie und *Bop* – kommt eine musikalische Note dazu, verstärkt in *Jazz* und *Jive*, in Collegekreisen wird »bop« auch durch *Horizontal bop* verdeutlicht;

Rock'n'Roll – bezieht sich auf die wechselnde Dynamik der *action* bzw. auf den Lage-Aspekt:

to rock – ist das sanfte Schaukeln oder bezeichnet die eher passive Rolle des unten Liegenden,

to roll – heftiges Schwanken und Schlingern – ist die aktive Ergänzung durch den oben Liegenden:

> *It is not so easy to turn him on, and then he likes it better being rocked than do all the rolling!,*

wenn der Liebhaber nur mühselig in die Gänge gebracht werden kann und außerdem ein selbstsüchtiges Faultier ist.

Boff – wie »bang« mit aggressiven akustischen Assoziationen; ähnlich funktionieren auch (neben vielen anderen) die Verbformen der aufs Akustische anspielenden Penis-Hüllwörter (s. oben »ding« unter *Cock*) und Wörter wie *Boink, Bonk* oder *Slam.*

Bouncy-bouncy – Hoppe-hoppe Reiter – kindisch!

Bump – bedeutet eigentlich je nach Kontext z.B. »stoßen« oder »rammen« oder bezeichnet die Bewegungen (auf und ab) und Geräusche (rumpeln, holpern) eines Wagens auf schlechter Straße und führt eine ganze Reihe reimender Synonyme an, wie z.B.

Hump – eigentlich »einen Buckel machen«; was im konkreten Fall gemeint ist, geht aus dem Kontext hervor: In

> *They spent their weekend happily humpin' away*

verbringt das Paar das Wochenende mit Vögeln; in

> *A. has been humping himself to get to his splendid position*

dagegen erfahren wir über A., daß er sich krummgelegt (oder: am Riemen gerissen) hat, um seine glänzende Position zu erreichen.

Das Auf-und-Ab bzw. Hin-und-Her der *action* betonen

Jump und *Pump* – Springen und Pumpen;

Scrump – ist eine Reimableitung von »to screw« (s. unten) zu den genannten »-ump«-Wörtern, die alle auch eine Reimverbindung zum Penis-Hüllwort »stump« (z.B. »carnal stump« – s. oben unter *Cock*) herstellen;

Bumping bones – bezieht seine Wirkung aus dem Stabreim; außerdem würde niemand z.B. die Verspätung eines noch ganz frisch verbandelten Paars mit den Worten

> *A. and B. are a little late now, I think they lost their time bumping bones*

kommentieren, wenn A. und B. dick wären – die Vorstellung des Knochigen müßte schon möglich sein.

Business – verhüllt, indem es verschweigt, welcher Art das Geschäft ist – ein althergebrachter Euphemismus, ebenso

to be busy – beschäftigt sein – über das Womit kein Wort.

Crawl – paßt je nach Kontext zum »Kriechen« oder »Schleichen« von Schlangen (»serpent«, »snake«), zum »Krabbeln« von Maus (»baldheaded mouse«) oder Eidechse (»lizard« – alles oben unter *Cock*) oder hat als »Kraulschwimmen« einen sportlichen Unterton.

Daisy chain – Gruppensex, bei dem alle Teilnehmer miteinander wie die Gänseblümchen in einer Kette, verbunden sind, was beim

Group grope
nicht unbedingt der Fall sein muß.

Dick – s. oben unter *Cock*

Diddle – herumzappeln oder auch ein wenig unernst herumtrödeln; ähnlichen Spaß- und Spielcharakter haben auch

Frisk – tanzen und springen, herumtollen, oder mehr auf den Tastsinn bezogen: filzen, durchsuchen, abtasten; außerdem klingt das Wort so ähnlich wie »frig« (s. unten);

Hobble – humpeln;

Jiggle – schütteln oder klimpern;

Poke – stochern – mit der Variante

Pork – gebildet aus »poke« und dem Penissynonym »dork« (s. oben *Cock*);

Shake – schütteln oder schwenken – mit Reimanspielung auf »cake« (s. oben *Ass* und *Cunt*);

Tumble – purzeln, herumtummeln oder auch herumwälzen; feste Redewendungen sind

    to take a tumble in the sheets,

allgemeingültig im Bett, bzw.

    ... in the hay,

eher ländlich im Heu.

Discussing Uganda – Dazu braucht man viel Zeit und darf nicht gestört werden – eine sehr britische Ausrede.

Do it und *Do the thing* – erreichen die Tabuvermeidung durch vollständige Inhaltsleere, sehr phantasielos, ihr Gebrauch zeugt entweder von übergroßer Furcht oder mangelndem Wortschatz; ebenso blutleer und ängstlich, aber dazu noch erheblich verklemmter sind Formulierungen wie

to have relations with (someone) – Beziehungen zu jemandem haben – oder das dämliche

to sleep with (someone) – mit jemandem schlafen – Das trifft es ja nun wirklich nicht!

Frig – ein sehr altes aber etwas weniger stark tabuisiertes Synonym nach dem lateinischen »fricare« – reiben. In übertragener Bedeutung kann es als »frigging« fast überall »fucking« ersetzen und wirkt dabei in der Form etwas milder, ohne an Schärfe in der Sache einzubüßen; so entspricht

    It's none of your frigging business!

mehr dem deutschen: »Das geht dich einen feuchten Matsch an!«,

It's none of your fucking business!
dagegen wäre: »Das geht dich einen Scheißdreck an!«

Fork – reimt auf »dork« (s. oben unter *Cock*) – eine volkstümlich-gemütliche amerikanische Verkürzung des sehr snobistisch-britischen
to fornicate – ein ungemein blasiertes, borniertes und verächtliches Wort, viel schlimmer noch als das deutsche »Unzucht treiben«; abgeleitet ist es vom lateinischen »fornix«, was »Gewölbe« oder »gewölbte Decke« bedeutet: Im alten Rom hatten vor allem die Kellerräume ein Gewölbe, bei den oberirdischen Räumen war die Decke in der Regel flach; in den Kellerräumen befanden sich aber auch die ganz billigen Kneipen und die Bordelle, und so kam es von »fornix« – »Gewölbe« – über »Keller« und »Bordell« zu »fornicare« – »sich im Bordell aufhalten« und in der prüden Atmosphäre unter dem Kaiser Augustus »die Ehe brechen«.

Funch – ein »fuck« zur Mittagspause (»at lunchtime«); eine Variante ist *Nooner* – um 12 Uhr mittags.

Getting/Having one's ashes hauled – die Asche entfernt bekommen – bezieht sich nur auf Männer; z.B. in
He thinks it healthy to get/have his ashes hauled at least once a week findet der Betreffende es gesund, wenigstens einmal pro Woche seine »Asche entsorgt« zu bekommen; hinter dem »Asche entsorgen« steckt die weitverbreitete Vorstellung, im Körper »alt« werdender Samen sei schädlich und führe zu Pickeln; es gibt darüber hinaus noch eine Vielzahl von verhüllenden Formulierungen mit »getting« oder »having«, hier ein paar Beispiele:
Getting / Having the drain cleaned – ... die Abwasserleitung gereinigt, ebenfalls nur auf Männer bezogen und mit ähnlichen Gesundheitsaspekten, ebenso
Getting / Having the plumbing snaked – ... die Rohre mit der Spirale gereinigt – und
Getting one's rocks off – seine Steine abgeladen bekommen;
auf Paare bezogen und gänzlich ohne Gesundheitsaspekt ist
Getting the knickers in a twist – die Unterhosen miteinander verknuddeln – eine sehr britische Form, das böse Wort zu vermeiden, z.B. in
No, A. and B. aren't here yet. Perhaps they are busy getting their knickers in a twist!,
wenn A. und B. noch erwartet werden.

Getting layed – flachgelegt werden – fast nur in bezug auf Frauen, oft auch von Frauen selbst.

Grind – mahlen oder im Mörser zerreiben – ein uraltes, hochehrwürdiges Synonym mit Entsprechungen weltweit und zu allen Zeiten: Im alten Griechenland etwa heißt »mýllein« »zermahlen, die Lippen zusammenpressen« und – wie Passows »Handwörterbuch der griechischen Sprache« es ausdrückt – »Beischlaf betreiben, besonders außerehelichen, eine Hure beschlafen«; dieselbe Bedeutung hat auch das lateinische »molere«. Im Alten Testament wird erzählt, wie Samson von Delilah seiner Kraft beraubt wird, indem sie ihm die Haare abschneidet, als er schläft. Nun können seine Feinde, die Philister, ihn überwältigen. Sie blenden und fesseln ihn, und er »mußte mahlen in dem Gefängnis« (Buch der Richter Kapitel 16, Vers 21). Im Talmud, im Traktat Sota (Ehebruchsverdächtige) der Mischna Naschim (Frauen) heißt es dazu: »Rabbi Jochanan sagte: Unter mahlen ist die fleischliche Sünde zu verstehen, denn es heißt: *so möge meine Frau einem anderen mahlen.* Dies lehrt, daß jeder seine Frau zu ihm ins Gefängnis brachte, damit sie von ihm geschwängert werde.« Die Bibelstelle, auf die sich Rabbi Jochanan zur Erklärung des »Mahlens« beruft, steht im Buch Hiob Kapitel 31; Vers 9 und 10 lautet in Luthers Übersetzung: »Hat sich mein Herz lassen reizen zum Weibe und habe ich an meines Nächsten Türe gelauert, *so müsse mein Weib von einem andern geschändet werden, ...«.* Der in beiden Fällen im Bibeltext benutzte Wortstamm (Thet-Chet-Nun) bedeutet »mahlen«, ist aber auch ein »obszönes Wort für die Ausübung des Beischlafs« und wird – so sagt es das »Hebräische und Aramäische Handwörterbuch über das Alte Testament« von Wilhelm Gesenius – im Arabischen noch heute so gebraucht. – Ganz eindeutig singt auch Bessie Smith:
Grind my coffee with a deep, deep grind.

Hide the salami – die Salami verstecken – eine Redewendung, die auch mit den anderen Penissynonymen aus der Reihe der länglichen Nahrungsmittel funktioniert (s. unter *Cock*).

Hose – je nach Kontext mit dem Gartenschlauch abspritzen oder mit dem Gummiknüppel bearbeiten – in jedem Fall sehr rauh; ähnlich
Knock – (herum-)stoßen, klopfen.

Laying one's cain in a dusty corner – seinen Krückstock in eine staubige Ecke legen – paßt eigentlich nur, wenn beide Teilnehmer an der *action* bereits ein reiferes Alter erreicht haben.

Legover situation – Bein-über-Situation – eine sehr britische Tabuvermeidung:

> *You never burst into a room without knocking, because you might come upon people in a legover situation.*

McQ – Quickie mit Assoziation zu Fastfood.

Mustache ride – Schnurrbartritt – Oralsex.

Nail – nageln – gehört zum Penissynonym »hammer« (s. unter *Cock*).

Parallel parking – *action* unter automobilistisch gesonnenen Collegestudenten.

Peter, Paul, and Mary – ein »Dreier« mit männlicher Überzahl.

Screw – schrauben – kann als »screw-up« das übertragen gebrauchte »fuck-up« und als »to be screwed« das entsprechende »to be fucked« (s. oben) ersetzen.

Shtup – aus dem Jiddischen für »stopfen« – gilt wie alle jiddischen Ausdrücke als sehr ordinär.

Wall job – wird stehend, an eine Wand gelehnt und meist als Quickie erledigt.

Moll and her sisters

Während männliche Personennamen mit feststehenden Bedeutungen oft Penis-Hüllwörter sind (s. oben unter *Cock*), signalisieren Frauennamen oft eine Position außerhalb gesellschaftlicher Normen und sexuelle Verfügbarkeit. Prototypisch neben der »Lady Jane« (s. unter *Cunt*) ist »Moll«, eine Jargonvariante des Namens Mary mit irischen Untertönen. »Moll Cut-Purse« – Beutelschneider-Marie – war vor der Mitte des 17. Jahrhunderts in den turbulenten Zeiten nach dem Tod der großen Königin Elisabeth eine berüchtigte Londoner Taschendiebin. Weltberühmt wurde ihr Name durch Daniel Defoes Roman »The Fortunes and misfortunes of the famous Moll Flanders – Twelf Years a Whore, Five times a Wife (whereof once to her own Brother), Twelf Years a Thief, Eight Years a Transported Felon«, der in Titel und Untertitel Geschick und Ungeschick der berühmten Moll Flanders zusammenfaßt: Zwölf Jahre war sie eine Hure, fünfmal verheiratet (davon einmal mit ihrem eigenen Bruder [was sie allerdings nicht wußte]), zwölf Jahre eine Diebin und acht Jahre als Strafgefangene deportiert, und zwar zusammen mit ihrem Lieblingsexgatten, einem irischen Straßenräuber, nach Virginia, wo beide ein frommes Leben beginnen, so daß sie schließlich geläutert nach England zurückkehren.

Gun Moll – entspricht dem deutschen »Gangsterbraut«, wobei »gun« nichts mit Schußwaffen zu tun hat, sondern vom jiddischen »Ganeff« für »Dieb« bzw. »Gauner« kommt.

Verwandte Namen

Aus der großen Menge eine kleine Auswahl:
Aspasia – eine antikisierende Verhüllung von »whore« – Nutte – Aspasia aus Milet war eine der berühmtesten Hetären Athens, zeitweise die Geliebte und später zweite Gattin des Perikles – sehr snobistisch;
ähnlich anspruchsvoll verhüllen
Delilah – sie verführt den starken Samson und liefert ihn den Philistern aus (s. oben »grind« unter *Fuck*) – snobistisch und fromm;

Dulcinea – die ziemlich irreale Geliebte Don Quijotes – ebenfalls snobistisch und gebildet;

Izebel bzw. *Jezabel* – die stolze phönizische Königstochter und Frau des Königs Ahab von Israel; sie hatte für den Buße predigenden Propheten Elia nichts übrig und förderte im Gegenteil den orgiastischen Kult des Baal, weshalb sie schließlich auch ein sehr böses Ende nahm, nachzulesen im 1. Buch der Könige vom Ende des 16. Kapitels (beginnend mit Vers 29) bis zum 21. Kapitel und – das böse Ende – im 9. Kapitel des 2. Buchs der Könige. – Snobistisch, aber alttestamentarisch fromm;

Magdalen – nach Maria Magdalena, die nach christlicher Tradition eine Prostituierte war. In der Bibel steht davon nichts, sondern nur, daß sie eine von »etlichen Weibern« ist, »die er gesund hatte gemacht von den bösen Geistern und Krankheiten« (Lukas 8, Vers 2). Die fromme Tradition identifiziert sie aber mit der namenlosen »Sünderin« in der bei Lukas 7, Vers 36 bis 50 erzählten schwülen Fußsalbungsszene (»... und trat hinten zu seinen Füßen und weinte und fing an, seine Füße zu netzen mit Tränen und mit den Haaren ihres Haupts zu trocknen, und küßte seine Füße und salbte sie mit Salben ...«); ihr sind deshalb »viel Sünden vergeben, denn sie hat viel geliebet«. Bei Johannes (Kapitel 12, Vers 1 bis 3) gibt es eine ähnliche, aber keusche, fast kultische Szene mit Maria von Bethanien, also ausdrücklich nicht Maria aus Magdala (= Maria Magdalena). – Nicht snobistisch, nur fromm und verklemmt;

Messalina – die junge zweite Frau des späteren römischen Kaisers Claudius, der von ihren Zeitgenossen wildeste Orgien nachgesagt wurden; mit ganzen Kasernenbelegschaften soll sie es getrieben und immer noch nicht genug bekommen haben – snobistisch und sehr verklemmt.

Biddy – irisch klingende Variante zu »Bridget« – zunächst eine Art Gattungsbezeichnung für niederes weibliches Dienstpersonal, das in England oft aus dem armen und rückständigen Irland kam; Entsprechungen im deutschen Sprachraum waren z.B. »Zenzi« (Crescentia) für die Magd in Bayern oder »Stine« (Ernestine) im Hannöverschen und »Mine« (Wilhelmine) bei den Preußen. Offenbar galten sie als besonders schwatzhaft und anfällig für Tratsch; daraus entstand die feste Verbindung

Old biddy – Klatschtante.

Cassandra – die Tochter des trojanischen Königs Priamos und seiner Gemahlin Hekabe bzw. Hekuba, eine Seherin, die immerzu nur Unglück voraussagen muß, weil sie den Gott Apollon, der sie aufs heftigste bedrängte, einfach abgewiesen hatte – eine antikisierende Bezeichnung für schwatzhafte Miesmacherinnen; wird gelegentlich auch auf männliche Miesmacher angewandt.

Jane – je nach Kontext die Entsprechung zu John (s. oben unter *Cock*) – also als weibliches Bestimmungswort (z.B. »Plain Jane« – irgendeine Frau), als die »cunt« oder auch als die Damentoilette (weiblich: »I'm off to the jane« / männlich: »I'm off to the john«).

Jenny – entspricht in Anwendung und Bedeutung dem männlichen Bestimmungswort »Jack« (s. oben *Cock*) bei Vieh und Menschenkind, z.B. ist »jenny ass« die Eselstute, »jack ass« der Eselhengst;

Jill – ist die Entsprechung zu »Jack« nur bei Menschen: »Jill & Jack« – Frau & Mann – immer mit sexuellem Unterton; kann auch für »cock & cunt« stehen.

Judy – eine dumme und lächerliche Person – nach der weiblichen Hauptfigur aus der englischen Form des »Kasperletheaters« (Punch & Judy); sehr ähnlich

Wilma – die spatzenhirnige Gattin des dumpfbackigen Fred Flintstone (Feuerstein) aus der TV-Serie »The Flintstones«.

Kate – eine unbeherrschte, mutwillige oder extravagante Frau, gelegentlich auch ein Hüllwort für eine teure Nutte (z.B. »mink« – s. oben unter *Cunt*); der Name wird in dieser Bedeutung schon lange gebraucht, möglicherweise wegen der Nähe zum »cunt«-Synonym »cat«. Auch die »ungezähmte Widerspenstige« in Shakespeares Komödie »The Taming of the Shrew« (Der Widerspenstigen Zähmung) heißt Catherine, außerdem passen alle Eigenschaften einer »Kate« auch zum Ruf der großen Katharina von Medici.

Nancy – reimt auf »fancy« – modisch elegant, ausgefallen – und bezeichnet Männer, die sich effeminiert geben, selten auch generell Schwule; ähnlich

Nelly – bei Männern starke Untertöne von Feigling oder Weichling; auf Frauen bezogen meist in festen Verbindungen:

Nervous Nelly – eine Frau, die immer gleich die Nerven verliert oder überängstlich ist,

Nice Nelly – ist ungemein prüde und schamhaft.

Sadie-Masie – verhüllt Sado-Maso-Sex.

Moron

Das Wort gibt es erst seit Beginn des 20. Jahrhunderts; sein Erfinder, ein Dr. Henry Goddard, war Forschungsleiter am »Vineland Institute for Feebleminded Girls and Boys« im Staat New Jersey, einem Ableger der Universität Princeton. Zur Beschreibung des Geisteszustandes seiner »geistesschwachen« jungen Patienten griff er auf ein griechisches Wort zurück, das bei den Humanisten für »dumm«, »närrisch« oder »töricht« (moros) bzw. »Narrheit« oder »Torheit« (moria) stand, so etwa in dem berühmten »Lob der Torheit« – Encomium Moriae – des Erasmus von Rotterdam. Die »American Association for the Feebleminded« übernahm »Moron« 1910 als ganz offizielle Bezeichnung für »geistig Behinderte« mit relativ geringen Beeinträchtigungen zur Unterscheidung von »imbeciles« (mäßig behindert) und »idiots« (Schwerstbehinderte). Bald darauf gehörte es als fester Bestandteil zum englischen Grundwortschatz, zuerst in Amerika, dann auch im übrigen englischsprachigen Raum. Im Deutschen entsprechen dem »moron« im allgemeinen Sprachgebrauch noch am ehesten »Idiot« oder »Dummkopf«.

Ausgewählte Synonyme

Die »geistige Behinderung« eines »moron«, wie ihn der Volksmund sieht, kann sich in den unterschiedlichsten Aspekten ausdrücken, neben »falschem« oder zu langsamem »Denken« auch in Dickköpfigkeit oder abweichendem Verhalten aller Art; dabei werden oft auch Gründe der vermuteten »geistigen Behinderung« unterstellt – ganz besonders allzu häufiger oder intensiver Sex (s. oben unter *Brains*...) –, oder der Betreffende wird gleich mit einem Penis-Hüllwort bezeichnet. Daneben gibt es eine Unzahl von Variationen zum Bild vom »leeren Kopf« oder von etwas Unfertigem bzw. Unvollständigem in festen Redewendungen. Der Übergang von »dumm« zu »verrückt« (s. unten *Nut*) ist oft fließend.

Aus der unüberschaubaren Menge der festen Redewendungen hier eine kleine Auswahl:

He's such a moron – he cannot see through a ladder! – Noch nicht mal eine Leiter durchschaut er.

Cutting with a dull tool – mit stumpfem Werkzeug schneiden, z.B.

> *Don't ask him, he's cutting with a dull tool.*

Dead between the ears – zwischen den Ohren nur abgestorbene Materie; dazu als Variante

Having nothing between the ears but air – nichts als Luft zwischen den Ohren:

> *He's got nothing between his ears but air*

ist die korrekte Beschreibung eines »airhead« (s. oben unter *Brains*...).

His belt doesn't go through all loops – Sein Gürtel paßt nicht durch alle Schlaufen.

His elevator doesn't run to the top – Sein Lift geht nicht bis in den Oberstock.

A leak in the think tank – ein Leck im »think tank«, z.B.

> *... he's got a leak...*; weitere automobilistische Varianten sind z.B.

His/Her brain is stuck in first gear – Hirn klemmt im ersten Gang;

His/Her car isn't hitting on all cylinders – Fehlzündungen im Hirn;

Running on empty – Tankanzeige steht auf »leer«; ähnlich

He's got a flat tire – Der hat einen Platten.

Missing a few marbles – ein paar Murmeln fehlen, ähnlich:

There are some pickets missing in his fence – Dem fehlen ein paar Latten im Zaun.

Nice house, nobody home – hübsches Haus, aber keiner da; eine Variante:

Light's on but nobody's home – Licht brennt, aber keiner da.

No beans in the pod – keine Bohnen in der Schote, z.B.

> *He's got no beans in his pod*;

nach diesem Muster:

Not all dots on the dice – nicht alle Augen auf dem Würfel;

Not all there – nicht alles vorhanden.

Not having both oars in the water – nicht beide Riemen im Wasser haben,

Not knitting with both needles – nicht mit beiden Nadeln stricken;

Not playing with a full deck – nicht mit einem kompletten Kartensatz spielen.

Not wrapped too tightly – nicht allzu dicht verpackt.

One brick shy of a load – ein Ziegelstein fehlt an der Ladung, z.B.

... he's one brick shy of a load;

... doughnut shy of a dozen – ein Doughnut fehlt am Dutzend;

... sandwich [oder: *a few sandwiches*] *short of a picknick* – reicht nicht für ein Picknick.

Permanently/Temporarily disconnected – (Telefon-)Verbindung auf Dauer / zeitweise unterbrochen.

Sonstige Synonyme:

Barbie and Ken – ein junges Paar, hübsch, nett und sehr dumm – gebildet nach dem amerikanischen Standard-Puppenpaar; die Variante *Barnie, Fred and Wilma* – nach den Hauptfiguren der Flintstones-TV-Serie – kann auf Menschenansammlungen aller Art angewandt werden, deren Teilnehmer von eher bescheidenem intellektuellen Niveau sind, wie z.B. die Nominierungsveranstaltungen vor amerikanischen Präsidentenwahlen:

Why do you want to go to the convention? All you see there is Barney, Fred and Wilma!

Boob – s. unter *Birds*.

Boor – vom holländischen »boer« (gesprochen »buur«) – Bauer – ein Dummkopf, kann sich nicht benehmen und wirft mit dem Hintern um, was andere aufgebaut haben; Varianten sind

Clod bzw. *Clot* – Erdenkloß und

Clodhopper – der über die Erdschollen auf dem Acker springt;

Hick – ursprünglich eine kindersprachliche Abkürzung des Namens Richard mit Reim auf »Dick«, daraus entwickelte sich der penishafte »(Dorf-) Trottel« (s. »hickey« unter *Cock*);

Yokel – wahrscheinlich vom deutschen »Jockel« (Jakob), dem sprichwörtlich dummen Knecht (»Der Herr, der schickt den Jockel aus...«) – ein beschränkter Hinterwäldler, oft mit dem reimenden »local« zu

Local yokel – Dorfdepp – verbunden.

Bozo – ein Mensch mit wenig Hirn, aber sehr viel Bizeps – kommt wahrscheinlich aus dem Spanischen, wo es »Milchbart« bedeutet und z.B. einen jungen, unerfahrenen Menschen bezeichnen kann; abgekürzt erscheint das Wort auch gelegentlich in französischer Schreibweise als

Beau.

Cheese dong – wegen der Kombination mit dem Penis-Hüllwort »dong« (s. oben unter *Cock*) eine sehr aggressive und ordinäre Variante zu »cheesehead« (s. oben unter *Brains*...) – ebenso dumm wie aufdringlich; abmildernde Varianten sind:

Cheesie, Mister Cheddar oder *Velveeta*.

Cretin – snobistisch und sehr verächtlich.

Daffy – eine Ableitung von dem inzwischen veralteten Wort »daft« – verrückt, dumm.

Dense – Schädel zu dicht, nichts dringt durch.

Dickhead – stellt die Verbindung zwischen übermäßigem Sex und dem Geisteszustand eines »moron« her (s. oben unter *Brains*...); in dieselbe Kerbe schlagen

Dildo und die Abkürzung *Dill* – besonders verächtlich, da nur Ersatz wie z.B. auch der oben unter *Cock* bereits etwas ausführlicher erwähnte

Dummy, dazu andere Penis-Hüllwörter wie

Dipstick und *Dork*; außerdem mehr oder weniger inhaltslose Penis-Wörter wie etwa

Ding, Dong, Dingbat, Ditz...

Dimbo – gebildet aus »bimbo« (s. oben unter *Broad*) und »dumb« – ist die weibliche Variante zu »dumbo« (s. unten).

Dip und **Dippy** – sind wahrscheinlich keine Abkürzungen von »dipstick« (s. oben unter *Cock*), sondern von »dipsomaniac« – Trunkenbold.

Dumb – ein dumpfer Dummkopf – Ableitungen und Zusammensetzungen sind z.B.

Dumb Bill – er kommt vom Land;

Dumb bunny – junges Mädchen, sehr dumm und willig;

Dumb Dora – wenn es sich um eine Frau handelt;

Dumbfuck und *Dumbshit* – besonders aggressive Verstärkungen von »dumb« bzw. »dumbo«;

Dumbo – männlich, dumm und naiv;

Dumdum – hohler Flachkopf, dabei lästig und laut.

Feeb – die Abkürzung von »feebleminded« – geistig behindert, geistesschwach.

Four-letter-man – Anspielung auf den scharfen und hellwachen TV-Moderator David Letterman – die »vier Buchstaben« sind D, U, M und B; ein »Four-letter-man« ist also das genaue Gegenteil des TV-Moderators.

Goof – ein Depp, zwei linke Hände, alle Finger Daumen, stolpert ständig über die eigenen Füße; Varianten sind

Goofy – berühmt geworden als begriffsstutzige Figur in Walt-Disney-Comics;

Goofus – ist eine gelehrte Variante dazu.

Goop – ein Depp, der sich ständig daneben benimmt; das Wort könnte vom Polnischen »głupy« (gesprochen »gwupi«) – albern, dümmlich – abstammen.

Gump – verbindet »goop« mit »dumb«.

Ignoramus – ein total ahnungsloser Mensch; besonders wenig versteht er aber von dem, wovon gerade die Rede ist. Das lateinische Wort bedeutet »wir wissen [es] nicht«; in die (leicht gehobene) Umgangssprache Amerikas und Englands kam es als rechtstechnischer Ausdruck, mit dem eine Grand Jury einen Antrag der Anklagebehörde auf Eröffnung eines Gerichtsverfahrens wegen mangelhafter Beweislage zurückweist.

Klutz – aus dem Jiddischen – Klotz, Holzkopf, grober Kerl.

Lowbrow – das Gegenteil von »highbrow«, also weder intelligent noch anspruchsvoll.

Low-watt-bulb – eine schwache Birne.

Lunch und **Lunchie** – sind als Kurzformen von

Out to lunch – einer Variante von Redewendungen wie »Nice house, nobody home« abgeleitet.

Meat und **Meat ball** – sind Varianten zu »meathead« (s. oben unter *Brains...*);

Hamburger – variiert »meat ball«.

Nitwit – der Verstand so groß wie ein Läuseei, eine Nisse; verwandt sind

Dimwit – Verstand verdunkelt;

Half-wit – nur die Hälfte vorhanden; Varianten dazu sind

Halfbaked und *Halfboiled* – nur halb gebacken oder gekocht;

Halfbrained und *Halfheaded* – nur mit halbem Hirn oder sogar nur halbem Kopf ausgestattet;

Halfcracked – halb zerbrochen.

Not finished in the upper story – im Oberstock nicht ausgebaut, mit der Variante

Not furnished in the upper story – gähnende Leere im Oberstübchen, jegliche Ausstattung fehlt.

Numbskull – der ganze Schädel total betäubt und gefühllos.

Newt – der Molch – schleimig, dumm und häßlich.

Oaf – dumm und trampelig; ursprünglich ein anderes Wort für »Elf«, bezeichnete »oaf« ein von den »Elfen« untergeschobenes, mißgebildetes Kind, einen »Wechselbalg«.

Obtuse – schwer von Begriff – sehr snobistisch und gebildet.

Ostrich – s. oben unter *Birds*.

ROM bzw. **Read-Only-Memory** – sind sehr moderne Varianten zu »moron«;

> *He's a real ROM / Read-Only-Memory!*

beschreibt einen Menschen, der immer wieder nur dasselbe dumme Zeug von sich gibt und nie aus einer Sache irgend etwas lernt.

Room-temperature I.Q. – angenehme Raumtemperatur, in Fahrenheit gemessen, liegt bei ca. 70°F; ein Intelligenzquotient von 70 bedeutet schon etwas mehr als nur schwache geistige Behinderung.

Shlemiel – ein dummer Tölpel, der immer nur Pech hat; das Wort kommt über das Jiddische aus dem aramäischen »sche-lo-mojil« – der nichts wert ist.

Shnook – eine ängstliche und dümmliche Person, leicht zu betrügen; das Wort ist über das Jiddische möglicherweise vom deutschen »Schnucke«, der Bezeichnung einer Schafsrasse (Heidschnucke), abgeleitet.

Simpleton – der Einfaltspinsel – sehr gewählt und etwas altertümlich; ganz anders die Abkürzung *Simp*.

Stupe – eine neue Wortbildung, abgeleitet von »stupid«; eigentlich ist »stupe« ein feuchtwarmer Umschlag gegen Erkältungen; die Schreibweise *Stoop* ist an »goop« (s. oben) angelehnt.

Vacant lot – leere Parzelle.

Wiseacre – ein dummer Betrüger oder ein Dummkopf, der sich für klug hält und seine Ansichten anderen aufzudrängen versucht; das Wort ist bereits im 16. Jahrhundert aus der Verballhornung des niederdeutschen bzw. niederländischen »wijsseggher« (gesprochen ungefähr »weissegger«) im Englischen entstanden; eine amerikanische Variante vom Beginn des 20. Jahrhunderts ist

Wisenheimer – wobei die Endung »-heimer« auf amerikanische Vorurteile gegenüber jüdisch-europäischen Einwanderern baut.

Nut

Die »Nuß« ist wie im Deutschen lange schon ein Slangwort für den Kopf oder speziell für das Gehirn, wozu wohl auch die Ähnlichkeit des Hirns mit der Walnuß beigetragen hat. Da Nüsse relativ klein und hart sind, hat ein Kopf als »nut« eben auch nur wenig Platz für das Hirn, und ein »harter Kopf« ist auch nur wenig einsichtsfähig. Da die Mehrzahl »nuts« wenigstens ebenso lange ein Hüllwort für die »balls« war (s. oben *Balls*), wurden »nut« selbst und alle seine Ableitungen und Zusammensetzungen zu Tabuwörtern – in Hollywood waren sie durch den Motion Picture Production Code ebenso verpönt wie etwa »fuck«, »cunt«, »prick« oder »shit«. Beides – harter Kopf mit wenig Hirn und die »Eier« – ergibt zusammengenommen Bedeutungen im Umkreis von »verrückt«, »außer sich sein«, »albern«, »hirnrissig«, »exzentrisch«, auch »dumm«, aber nicht so dumpf und stumpf wie beim »moron«.

Anwendungsbeispiele

Das Wort erfreute sich vor allem in der ersten Hälfte des 20. Jahrhunderts großer Beliebtheit; dabei entstanden unter anderem:

Nuts! – ein Ausruf empörter und aggressiver Zurückweisung – eine Variante zu »Balls!« (s. oben *Balls*), aber eher mit der Bedeutung »Wohl wahnsinnig geworden!«

Nutbrain und **Nuthead** – s. oben unter *Brains*...

Nut-college und **Nuthouse** – psychiatrische Anstalt, »Irrenhaus«.

Nut-doctor – Psychiater, »Irrenarzt«.

to be nuts / nutsy / nutty – verrückt, »durchgeknallt«, »wahnsinnig«; z.B.

> *He's as nutty as a fruitcake.*

In Früchtebrot gehören nun einmal eine Menge Nüsse.

to go nuts – außer sich geraten, total ausrasten – entspricht »to go bananas« (s. oben unter *Banana*).

Ausgewählte Synonyme

Im Volksmund sind die Eigenschaften eines »nuthead« von denen eines »moron« oft kaum zu unterscheiden; beide gelten als »nicht ganz dicht«. Ob damit nun eher mangelnde Intelligenz, eine Psychose bzw. Neurose oder irgendeine Hirnstörung unterstellt wird, geht allenfalls aus dem weiteren Kontext hervor. – Feste Redensarten, die besser zu »nut« bzw. »nuthead« als zu »moron« passen, sind z.B.

Gone around the bend – vom geraden Weg abgekommen und um die Biegung verschwunden; im Englischen ist »a bended mind« ein zerrütteter oder gestörter Geist, etwa als Ergebnis von häufigem »mindfuck« (s. oben unter *Fuck*).

Having a few ants / termites in the attic – Da krabbeln die Ameisen (bzw. Termiten) im Oberstübchen; z.B.

Be careful around him. He's got a few ants in his attic!

oder die etwas unheimlichere Variante

Having a guest in the attic – Im Oberstübchen hat sich ein Gast eingenistet; oder stabreimend

Having bats in the belfry bzw. *belfrey* – Da flattern die Fledermäuse im Glocken- bzw. Burgturm.

Having the hat blocked – die Mütze blockiert haben; auch erweitert zu

He has his hat blocked with him still in it!,

wenn bei jemandem die Mütze blockiert ist und er noch drin steckt; eine Variante ist

The hat is on too tight – Hirnstörung durch zu engen Hut;

Having a screw loose – wie im Deutschen: Schraube locker; Varianten sind u.a.

to be unscrewed bzw. *... unzipped* – losgeschraubt bzw. Reißverschluß geöffnet – hemmungslos verrückt, eine Gefahr für sich selbst und die nähere Umgebung.

to be off one's chump/rocker – Der Verrückte ist vom Holzklotz bzw. Schaukelstuhl herunter, wo er friedlich saß und kein Unheil anrichten konnte; kann je nach Kontext »nicht ganz dicht« im Sinn von »dumm«, »verrückt« oder von »außer sich« bedeuten; z.B.

When he saw his new car crashed beyond recognition, he came completely off his chump.

Da dreht jemand total durch, der sein neues Auto bis zur Unkenntlichkeit demoliert vorfindet, während in

> *He had this drinking problem for years, and now he's totally off his rocker*

das Delirium tremens als Folge einer langjährigen Säuferkarriere gemeint ist.

Varianten, ebenfalls kontextabhängig:

to be off one's mental reservation – Eigentlich bedeutet »mental reservation« »stillschweigender Vorbehalt«; in einer Redewendung wie z.B.:

> *He's off his mental reservation*

aber wird aus »reservation« entweder das Reservat für Eingeborene, das der Betreffende verlassen hat – er ist also intellektuell eindeutig überfordert –, oder »mental reservation« (mit der Betonung auf »mental«) verhüllt ebenso gewählt wie perfide die Hüllformel »mental institution« für »nuthouse« – Irrenhaus. Ähnlich funktionieren auch:

to be / to fly off the wall – von der Wand fliegen;

to be out of one's head – sich außerhalb seines Kopfs befinden, z.B.

> *He's so stupid, he's driving me out of my head!* – Er ist so blöd, er macht mich noch ganz verrückt!

Sonstige Synonyme kommen auch unter fast allen übrigen Stichworten vor, besonders unter *Baloney, Banana, Birds, Brains...* und *Cock*; hier nur einige Ergänzungen:

Ape – Affe – wirr und rücksichtslos,

to go ape oder *to go apeshit* – völlig von der Rolle kommen, total ausrasten; dazu die Variante

to be out of one's tree.

Bonkers – ein ungemein britischer Ausdruck für das Ergebnis eines Schlags – »bonk« – auf den Schädel.

Crackpot – ist jemand mit einem »Sprung in der Schüssel«, der viel und laut redet; gebildete Menschen nennen einen »crackpot« auch *Psychoceramic.*

Crank – wörtlich »Kurbel«, immer mindestens zweimal gebogen (s. oben »round the bend«) – ein »crank« ist durchgedreht und exzentrisch, er schreibt z.B. oft »crank letters« an Zeitungen oder Politiker oder den Papst, weil er eine todsichere Methode entdeckt hat, wie der Weltuntergang noch im letzten Moment aufgehalten werden kann.

Dizzy – schwindlig, nicht alle Teile des Hirns am richtigen Platz.

Fruitcake – hat sich aus der Redewendung »as nutty as a fruitcake« selbständig gemacht.

Schitzo – phantasielose Ableitung von »schizophrenia« mit der fürs Jiddische oder Deutsche typischen, explosiven Z-Aussprache.

Screw ball – beim Baseball ein Ball mit völlig unvorhersagbarer Flugbahn – auf Menschen angewendet, wegen der Nähe zu den Tabuwörtern »to screw« (s. oben unter *Fuck*) und »balls« (s. oben *Balls*), eine höchst aggressive Beschimpfung.

Whacko – hat einen Schlag zuviel abbekommen; außerdem wird über die Nähe zu »whack off« – im Slang »masturbieren« – die Ursache für den bedauernswerten Geisteszustand unterstellt (s. z.B. auch »pudding« unter *Cock* und »puddinghead« unter *Brains*...).

Shit

Ein Tabuwort, dessen Geschichte bis in graue Vorzeiten zurückreicht, nicht ganz so weit zwar wie bei »cunt«, aber immerhin kann seine indogermanische Wortwurzel mit der Bedeutung »schneiden / trennen / scheiden« identifiziert werden. Im Englischen und Deutschen sind z.B. »shed«, abwerfen (z.B. des Laubs), »sheath« und »Scheide«, »shield« und »Schild«, aber auch »squire« (Landjunker) mehr oder weniger eng mit »shit / Scheiße / scheißen« verwandt. Bis über die Mitte des 17. Jahrhunderts scheint das Wort zwar schon als grob, nicht aber als tabuisiert empfunden worden zu sein. Anders als im Deutschen, wo »scheißen« und »Scheiße« vor allem in den »grobianischen« Texten des 16. Jahrhunderts ausgiebig vorkommen, taucht »shit« in englischen Druckwerken nur selten, aber immer unverkürzt auf. Erst seit dem Beginn des 18. Jahrhunderts beginnen die Drucker auch hier wie bei »fuck« und »cunt« Sternchen und Strichel zu setzen, und im 19. Jahrhundert wird es zusammen mit den anderen »obszönen« Wörtern durch Gesetze aus öffentlich zugänglichen Schriften verbannt (s. auch *Cunt* und *Fuck*). Im Volksmund, besonders aber im Soldatenjargon blieb es immer erhalten und wurde oft verwendet.

Einige Anwendungsbeispiele

Aus dem Soldatenjargon stammen:
The day the eagle shits – bei US-Soldaten der Zahltag.
Chickenshit – kleinliche und engherzig ausgelegte Vorschriften.
Shit on a shingle – Scheiße auf einer Dachschindel – Corned Beef auf Toast, oft auch als *SOS* abgekürzt.
Shit out of luck – sich in einer aussichtslosen Situation befinden, ohne Aussicht auf Besserung; abgekürzt *SOL*.
    Allgemeiner gebräuchlich sind z.B.:
Shit! – Ausruf bei Frustration, Ärger und Enttäuschung; verstärkt z.B. in *Holy shit!*
Nochmals gesteigert in *Shit, piss, and corruption!*

Bad shit – je nach Kontext entweder »sehr schlecht« oder – besonders im »schwarzen« Englisch – »sehr gut« oder »erstklassig«.

Beating the living shit out of someone – jemanden ganz fürchterlich verprügeln.

Crock of shit – wörtlich: Keramiktopf voll Scheiße – kompletter Blödsinn.

Deep shit – wirklich große Schwierigkeiten bzw. großes Unglück; z.B. entspricht

He's in deep shit!

dem deutschen »Er steckt tief in der Scheiße!«. Varianten sind z.B.

Up shit creek – den Scheiße-Bach hinauf, also »im Arsch«:

He's up shit creek!

In der erweiterten Form

He's up shit creek without a paddle!

ist die Lage wirklich hoffnungslos; das verwandte

Tough shit oder abgekürzt *TS* wird immer nur sarkastisch gebraucht und entspricht in etwa dem deutschen »Pech gehabt!« oder »Dein Pech!«, z.B.

So you've spent all your money, and nothing left for a bus ride home.
Tough shit! Walking will do you some good, it's only two hours.

Full of shit – völlig wertlos; auf Menschen bezogen: redet nur betrügerisches und dummes Zeug daher:

Don't trust that guy, he's full of shit!

Eine Variante dazu ist

A pile of shit – ein Scheißhaufen –, gesteigert in *Lower than dog shit* , was nur noch durch *As low as whale shit* unterboten wird, denn nichts ist größer und kann tiefer gesunken sein als Walscheiße.

He/She is acting like his / her shit doesn't stink – charakterisiert hochnäsige Menschen.

He/She is built like a brick shit house – wie ein aus Ziegelsteinen und nicht etwa nur aus Brettern gebautes Scheißhaus, also sehr solide gebaut – bezogen auf Frauen: »kräftige, dabei aber sehr gute Figur«, auf Männer »kräftig / groß / muskulös«.

Hot shit! – kann als Ausruf große Anerkennung und Bewunderung ausdrücken, wird meist aber ironisch verwendet.

Not knowing shit – von absolut gar nichts eine Ahnung haben, z.B.

He's such a dumb asshole, he doesn't know shit!,

wenn jemand selbst für die einfachsten Aufgaben nicht in Frage kommt.

Scaring the shit out of someone – jemanden ganz furchtbar in Angst und Schrecken versetzen, so daß er nicht länger fähig ist »to keep his asshole tight« (s. oben unter *Ass*); das Ergebnis:

He is shitting his pants

oder anders ausgedrückt:

He is scared shitless.

Shitface – ein ebenso verächtliches wie aggressives Schimpfwort, stärker als das deutsche »Scheißkerl«; Varianten sind z.B.

Shithead – s.oben unter *Brains...* und

Shitheel – Er schleppt Scheiße am Absatz mit sich herum und ist derart stumpfsinnig, daß er nicht merkt, wie er stinkt.

shitfaced – total besoffen.

Shit fit – wörtlich »Scheiß-Anfall« – je nach Kontext große Nervosität oder Wutanfall, z.B.

Every time he doesn't get what he wants, he's having a shit fit,

wenn jemand sich immer gleich wild aufführt, wenn er nicht sofort kriegt, was er will.

Shitkicker – Schimpfwort für »Bauern« oder Hinterwäldler.

Shit list – eine »Schwarze Liste«, z.B.

Be careful around that fat guy, since even the slightest criticism will put you on his shit list,

wenn jemand, dessen Gesellschaft man sich nicht aussuchen kann, selbst auf mildeste Kritik rachsüchtig reagiert.

shooting the shit – Gerüchte und lügenhaften Unsinn verbreiten – eine stabreimende Variante zu »throwing the bull« (s. oben unter *Bullshit*).

When the shit hits the fan – wörtlich »wenn die Scheiße den Ventilator trifft« – wenn das Desaster hereinbricht, wenn wirklich passiert, was alle fürchten. Diese Redensart hat sich wahrscheinlich aus einem alten Witz selbständig gemacht: Da muß ein Mann in einer gerammelt vollen Bar ganz dringend aufs Klo. Er geht in den ersten Stock hinauf. Dort ist die Beleuchtung sehr schlecht, und er findet auch keine Toilette, aber einen kleinen Raum mit einem Loch im Fußboden, durch das er sich erleichtert. Dann geht er wieder nach unten und findet alles menschenleer bis auf den Barkeeper, der sich hinter dem Tresen versteckt hat. Auf seine Frage, was denn passiert sei, antwortet der Barkeeper:

Where were you when the shit hit the fan?

Synonyme

Anders als die Tabuwörter »cock«, »cunt« oder »fuck« hat »shit« die sprachliche Phantasie kaum zur Bildung von Hüllen und Umschreibungen angeregt – der reinen Körperfunktion des Scheißens und seines Ergebnisses, der Scheiße, fehlt das mächtig schöpferische Element der Sünde und des Verbotenen, nichts daran reizt zur wortspielenden Spracherfindung. Es reichen ein paar Synonyme, die erlauben, es den gesellschaftlichen Anforderungen gemäß variieren zu können.

Crap – bedeutet ursprünglich »Rückstand«, »Bodensatz« oder »Abfall«, erst seit dem späten 17. Jahrhundert wird es zum »shit«-Synonym – zuerst in Wörtern, die den Ort bezeichnen, wobei sich besonders verhüllungssüchtige Menschen bis zum »crapping castle« für das Scheißhaus verstiegen. Spätestens seit der Mitte des 19. Jahrhunderts aber war »crap« als »shit«-Alternative sowohl für die Sache selbst als auch für den Akt ihres Hervorbringens fest etabliert und fast genauso stark tabuisiert. In besserer Gesellschaft sagt man es lieber nicht. Selbst Wörter des gehobeneren Sprachgebrauchs wie »crapulence« für ausschweifendes Trinken oder »crapulous« für trinkfreudig oder betrunken kann man in aller Unschuld nicht mehr benutzen.

Dung – ursprünglich »Dünger«, »Kompost« oder überhaupt eine Bezeichnung für Verrottetes – ein sehr distanziertes und selten benutztes Hüllwort; auf Menschen angewandt, heißt es soviel wie »abscheuliche, moralisch minderwertige Person«.

Doodoo – ist Kindersprache, ähnlich sind auch

Hockey und *Hooey* – s. auch oben unter *Bullshit* –, *Poop* und *Poopoo*.

Shite – ist eine Abmilderung durch altertümelnden Sprachgebrauch.

Weirdo

Ein Wort mit sehr altem Stammbaum, von dem es sich aber vollständig gelöst hat. Ursprünglich gehörte es zu der Wortfamilie, die das »Entstehen / Geschehen / Werden im Jahreskreis« bezeichnet. Im alten Englisch bedeutete es »Schicksal« oder »Bestimmung«. Schon zu Shakespeares Zeit war es nicht mehr gebräuchlich; er nannte die drei Hexen in seinem »Macbeth« wegen des altertümelnden Effekts, aber auch in Erinnerung an die drei Schicksalsgöttinnen, »the weird sisters« und belebte damit das Wort neu. Im modernen Englisch bezeichnet es alles, was nicht ganz geheuer, sonderbar oder auch abstoßend ist. Ein »weirdo« ist demnach jemand, mit dem man seines Charakters, Verhaltens oder Aussehens wegen nichts zu tun haben möchte.

Synonyme

Bezeichnungen für Menschen, mit denen man nichts zu tun haben möchte, finden sich unter allen Stichworten, besonders unter »moron« (s. oben *Moron*) und »nut« (s. oben *Nut*); deshalb hier nur einige Ergänzungen:

Blighter – ein ekelhafter Kerl – sehr britisch, abgeleitet von »blight« – Mehltau, Ausschlag.

Creep – widerlich reptilienhaft, dabei dumm wie die Nacht.

Ding-dong, Dork, Prick und **Putz** – s. oben unter *Cock*.

Dweeb – hirnlos und anödend – möglicherweise eine Kombination aus »Feeb« (s. oben unter *Moron*) und »dwindle« – schrumpfen.

Jerk bzw. **Jerk-off** – ungeschickter Dummkopf, der sich ruckartig und unkoordiniert bewegt, ein Elefant im Porzellanladen; je nach Kontext wird ihm aber auch Geistesschwäche durch übermäßiges Masturbieren (»to jerk off«) unterstellt, dabei verhüllt »jerk« – wörtlich z.B. »heftig an etwas ziehen« oder »(sich) ruckartig bewegen« – das aggressive »jack« in »to jack off« (s. »Jack« unter *Cock*).

Nerd – entstanden ist »nerd« als Verhüllung des Tabuwortes »nut« (s. oben unter *Balls* und *Nut*), z.B. bei dem Ausruf

Nuts! – Unsinn!, der seinerseits den dasselbe bedeutenden, aber noch viel stärker tabuisierten Ausruf *Balls!* verhüllte; das Wort bezog sich dann bald auf den, der solcherart Unsinn von sich gab, verlangte oder tat, und bezeichnete schließlich dumme und absolut nicht gesellschaftsfähige Personen; daß es sich außerdem auf »turd« – Scheißhaufen – reimt, verdeutlicht die gelegentlich vorkommende Schreibweise »nurd« unmißverständlich.

Nudnik – ein aufdringlicher und egoistischer Zeitgenosse, der alle Welt mit seinen nichtssagenden Ergüssen langweilt – kommt aus dem Russischen über das Jiddische nach Amerika.

Schmuck – s. oben unter *Balls,*

TBF – die Abkürzung von *Top Button Fag* – ein aufdringlicher und dümmlicher Mensch (nicht unbedingt ein »fag«, also ein Schwuler), dem zuzutrauen ist, daß er auch dann, wenn er sein Oberhemd ohne Krawatte trägt, den obersten Hemdknopf schließt.

Twerp – ein Stoffel und Prolet.

Register

boogie 96
boor 107
booshwa 50
booty 14; 19
bop 96
Böser Blick 31
bottom 14f.; 52
bougre 47
bouncy-bouncy 97
bovine excrement 50
box 63; 76
bozo 107
brain is stuck in first gear 106
brains 28; 32f.; 40; 105
bread 78
bride 44
broad 44
broad jump 44
broad-beamed 14; 44
broccoli 26
broom handle 60
brunswick 15
bubble-butt 15
bubblehead 41
bucket 15
buckethead 42
bugfucker 61
buggaro 47
bugger 47; 61
  bugger all 48
  bugger off 48
  bugger you 48
  I'll be buggered 48
buhwash 50
built like a brick shit house 116
bul 49
bulgarus 47
bull 49f.; 56
bull session 50
bullets 21
bullfuck 94
bullhead 42

bull-oney 23
bullshit 23ff.; 31; 49; 94; 117
bullshit artist 49; 56
bullshitting 49
bum 11; 13; 15; 52f.; 62
bum's rush 31; 53
bum rap 53
bum steer 53
bumbler 52
bumfuck 93
Bumfuck, Egypt 11; 34
bummer 53
bump 15; 52; 97
bumping bones 97
bun 14; 15; 59
bungler 52
bunny-fuck 93
Burns, Robert 87
burrito 60
busby 78
bush 77
bushwah 50
business 61; 97
busy 97
butt 15
butter-boat 61
butterboat 78
butterknife 61; 78
butt-fuck 93
butthead 42
buttocks 14; 16f.
button 61; 77
button factory 77
buttonhole 61; 77
buttonhole worker 61; 77
buzzard 33

C

cabbagehead 41
caboose 16
cake 78; 98

coozy 80
cork-headed 42
cotton 77
crack 78; 79
crack of heaven 80
crackbrain 40
crackhead 40
crackhunter 61
crackling 78
crackpot 40; 113
crank 113
crank letters 113
cranny 79
crap 118
crapping the pants 12
crapulence 118
crapulous 118
crawl 97
creamstick 66
creep 119
cretin 108
crock of shit 116
crow 34
crumb-bum Siehe bum
cuckold 35
cuckoo 34f.
cucumber 60
cunnus 73
cunny 80
cunt 15; 56; 59ff.; 73; 75 - 85; 87f.;
    104; 111; 115; 118
cutting with a dull tool 106
cuzzy 80
CYA 11 Siehe ass
cyprian sceptre 62

D

daffy 108
daisy chain 98
damn you 91
dangling participle 62

dead between the ears 106
dead duck 36
dead-ass 13
dearest member 67
Decamerone 82
Defoe, Daniel 102
deli 81
Delilah 100; 102
dens 108
Der Herr der Ringe 70
Der Widerspenstigen Zähmung 104
derelict 54
derrière 16
diamond cutter 61
dick 62; 98; 107
Dick Tracy 62
Dickie 63
Dickless Tracy 62
Dicky Jones 63
diddle 93; 98
Die Nackten und die Toten 88
dildo 108
dill 108
dimbo 108
dimwit 109
ding 65; 97; 108
ding-a-ling 65
dingbat 108
ding-dong 65; 119
dingus 65
dip 108
dippy 108
dipsomaniac 108
dipstick 66; 108
dirk 6; 65
disconnected 107
discussing Uganda 98
ditz 108
divine monosyllable 82
divinig rod 66
dizzy 114
dodad 65

dodo 35
do-funny 65
dog shit 116
do-jigger 65
do-johnny 65
dokus 18
dong 65; 108
donkey 9
doodle 65
doodoo 118
doof 65
dorf 65
dork 6; 65; 98f.; 108; 119
dorkmunder 6
dortmunder 6
doudo 35
dove 38
Dr. Johnson 64
drain 99
drivel 25
drop dead 11
drum stick 61
dry fuck 93
dry run 93
duck 36
duck's disease 36
duck soup 36
Dulcinea 103
dumb 65; 108
  dumb Bill 108
  dumb bunny 108
  dumb Dora 108
dumbfuck 108
dumbo 108
dumbshit 108
dumdum 108
dummy 65; 108
dung 118
dweeb 119
dwindle 119

E

ear-sex 93
eating pussy 78
eating the Mango 78
ejaculate 63
elevator doesn't run to the top 106
Elia 103
Empfindsame Reise 75
empty-headed 42
engine 65
equipment 65
Europa 30
exhaust pipe 16
eye 81

F

family jewels 22; 66; 71
family organ 66
fancy talk 25
fanny 16
Fanny Hill 16; 75
farrago 25
fast-fuck 93
father confessor 70
featherbrain 42
featherhead 42
feeb 108; 119
fekien 84
fern 81
Ficke 85
fickle 84
fiddlebrain 42
fiddle-faddle 24
fiddlehead 42
fidget 84
Fielding, Henry 63
finger-fuck 93
fink 38
fireplace 81
firk 6
fist-fuck 93

G

gadgets 22
gajoobies 22
galimathias 25
gallimaufry 25
ganeff 102
gang-bang 96
gap 79
garden of Eden 80
gas 25; 41
gash 79
gate of Paradise 80
gazonga 16
getting layed 100
GFU 95
giddyhead 43
giggy 80
gigi 80
girlometer 66
globalony 23
glutei 16
go apeshit 113
go to hell 12
gobbledygook 24; 39
goinfrer 25
goldmine 16; 18
gone around the bend 112
goof 109
goofus 109
goofy 109
goop 109f.
goose 36
    Winchester geese 37
grass 77
greaseball 54
grind 100
Gropecuntelane 73
Grose, Francis 76; 87
group grope 98
grummet 81
guest in the attic 112

gull 37
gullible 37
gump 109
gun 58
Gun Moll 102
guts 20.
guttersnipe 54
gyne 73

H

Hagar 68
halfbaked 109
halfboiled 109
halfbrained 109
halfcracked 109
halfheaded 109
hamburger 109
Hamlet 74
hammer 61
hams 16
handlebars of love 16
Hanging Johnny 64
hard-on 57
harebrain 43
hat blocked 112
hat is on too tight 112
hawk 33; 38
heinder 17
heinie 17
Henry V. 74
Hera 30
Hercule Poirot 62
hermit Siehe baldheaded hermit
hiccough 66
hiccup 66
Hick 66; 107
hickey 66; 107
hide the salami 100
hind end 17
hind-quarters 17
History of Tom Jones 63

melting pot 78
member 67
member for cockshire 67
mental institution 113
merry 67; 81; 86
merrybegots 68
merrymaker 67
Messalina 103
middel eye 81
middle leg 68
mindfuck 95
mindfucker 95
mink 77; 104
missing a few marbles 106
Mister Cheddar 108
Mister Happy 68
mofo 95
Moll 45; 102
Moll Cut-Purse 102
Moll Flanders 102
moneymaker 18
monosyllable 82
moon 17
moonshine 25
moron 28; 40f.; 105
mortar 61
motherfucker 95
Motion Picture Production Code 88
mouse Siehe baldheaded mouse
mousehole 79
muff 78
muffin 78
muh-fuh 95
mumbojumbo 24
mush-head 43
mustache ride 101
muthuhfuckuh 95
my ass 10
my foot 10

N

nail 101
nameless 82
Nancy 104
naughty 79
nautch 79
Nebuchadnezzar 64
needle dick 61
Nell Gwyn 75
Nelly 104
nervous Nelly 104
nice Nelly 104
Nephelokokkygia 35
nerd 119
nether cheeks 16
Netherlands 82
newt 110
NFW 92
Niagara 22
nice house, nobody home 106
Nimrod 64; 71
nitwit 109
Nixon, Richard (Dick) 62
no beans in the pod 106
noodle 43
nook 79
nookie 79
nooner 99
not all dots on the dice 106
not finished in the upper story 109
not furnished in the upper story 109
not having both oars in the water 106
not knitting with both needles 106
not playing with a full deck 107
not wrapped too tightly 107
notch 79
November, Foxtrott, Whiskey 92
nudnik 120
numbskull 110
nurd 120
nut 22; 26f.; 40f.; 105; 111; 119